Alois Dold

Leitfaden zum Reitplatzbau

44 Fotos
22 Grafiken

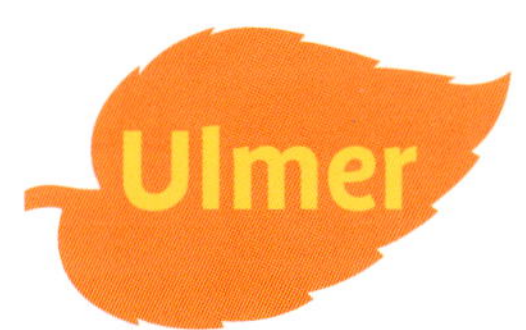

Inhalt

Vorwort

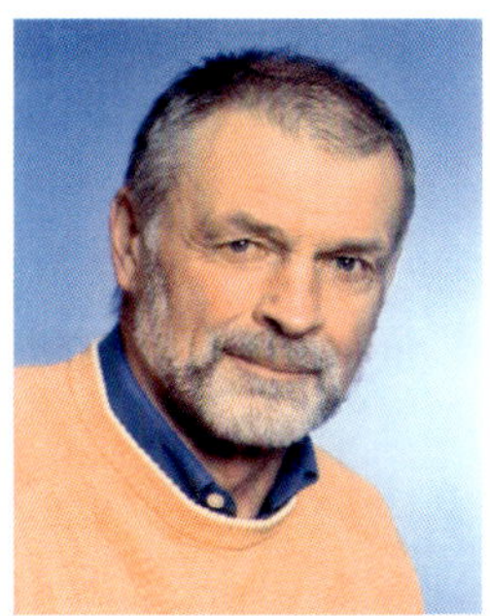

Mit diesem Buch möchte ich Ihnen einen einfachen und überschaubaren Leitfaden zum Bau von Reitplätzen und der Beurteilung von Tretschichten im Bodenaufbau an die Hand geben. Es beruht auf meinen jahrzehntelangen Kenntnissen im Reitplatzbau, Erfahrungen als aktiver Reiter und früherer Betreiber einer eigenen Reitanlage.

Die Entscheidung über „Gras oder Sand" fällt meist zugunsten künstlich aufgebauter Reitböden aus. Mein Ziel ist es, künstlich aufgebaute Böden in Qualität und Brauchbarkeit vorzustellen, die möglichst weitgehend einem Naturboden in gutem Zustand entsprechen. Außerdem ist es mir ein Hauptanliegen, Ihnen die neuesten Erkenntnisse über den Reitplatzbau zugänglich zu machen. Dazu habe ich hier wissenschaftliche Untersuchungen und Dokumentationen zu Materialien, Verarbeitung, Pflege und Haltbarkeit sowohl für Bauherren als auch -unternehmen verständlich aufbereitet. Diese Informationen entsprechen weitgehend den neuesten Forschungen etwa der Hochschule Osnabrück (EFRE-Forschungsberichte von 2010 und 2011) oder Reitplatzempfehlungen, 2014 (siehe Seite 90).

Die Forschungsliteratur befasst sich mit den Themen

1. bautechnische Voraussetzungen und Anforderungen
2. sportfunktionelle Voraussetzungen und Anforderungen.

Bedingt durch technischen Fortschritt und sich ändernde Anforderungen im Turnier- und Breitensport sowie der Pferdehaltung kann es allerdings keine allgemeingültige Aussage über die Eignung und Qualität eines Reitbodens geben.

Die Verwendung synthetischer Baustoffkomponenten leitete eine neue Ära im Reitplatzbau ein. Die anfängliche Skepsis gegenüber diesen Materialien ist inzwischen einer hohen Akzeptanz gewichen. Auch wird ein Reitplatz intensiv genutzt und unterliegt natürlichem Verschleiß. So können sich anfänglich aufgestellte und erfüllte Anforderungsbedingungen mit der Zeit durch falsche Nutzung, Übernutzung oder mangelhafte Pflege stark verändern.

Dieses Buch soll keine Werbung für ein bestimmtes Verfahren oder System sein. Doch selbstredend vertrete ich hier meine persönliche Meinung. Sie ist das Ergebnis langjähriger Erfahrung in diesem Metier, in die alle Erkenntnisse aus Erfolgen und Misserfolgen eingeflossen sind. Dieser Leitfaden kann Ihnen helfen, beim Bau Ihres Reitplatzes größere Fehler und unnötige Kosten zu vermeiden.

Alois Dold, Hardt

Nachruf

Alois Dold, ein visionärer Pionier in Sachen Reitplatzbau, hat diesem Buch während seiner letzten Lebensphase viel Zeit und Kraft gewidmet, um weitergeben zu können, was ihn leidenschaftlich bewegte: Optimale Lösungen anzubieten im Reitplatzbau. Im Juni 2016 ist er überraschend verstorben. Bedauerlicherweise wird er die Veröffentlichung dieses Buches nicht mehr miterleben. Mit seinem Buch hinterlässt er nun einen bleibenden Erfahrungsschatz, den er einer breiten Öffentlichkeit zugänglich machen will.

Herbst 2016, Königsfeld im Schwarzwald
Martin Dold

1 Anfänge und Entwicklung des Reitsports

Wer hätte in den 1950er Jahren gedacht, dass Pferde jemals so beliebte Freizeit- und Sporttiere werden würden? Geht man in der Geschichte der Pferdehaltung ein Stück zurück, so lassen sich in der Vergangenheit drei Einsatzgebiete der Pferdenutzung erkennen:

- die militärische Nutzung als bis dahin schnellstes und sicherstes Mittel zur Fortbewegung von Personen und zum Transport von Lasten und Kriegsgerät
- die wirtschaftlichen Nutzung der Pferde, vor allem als Zugpferde in der Landwirtschaft

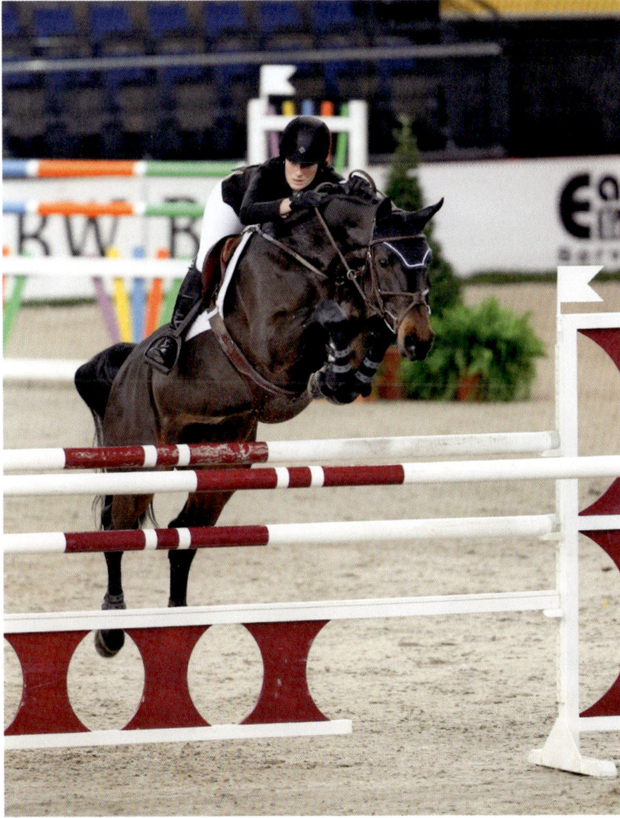

Bei den Olympischen Spielen im München 1972 ließen sich viele vom Reitsport begeistern. Die Folge war ein rasanter Anstieg der privaten Pferdehaltung und des Pferdesports.

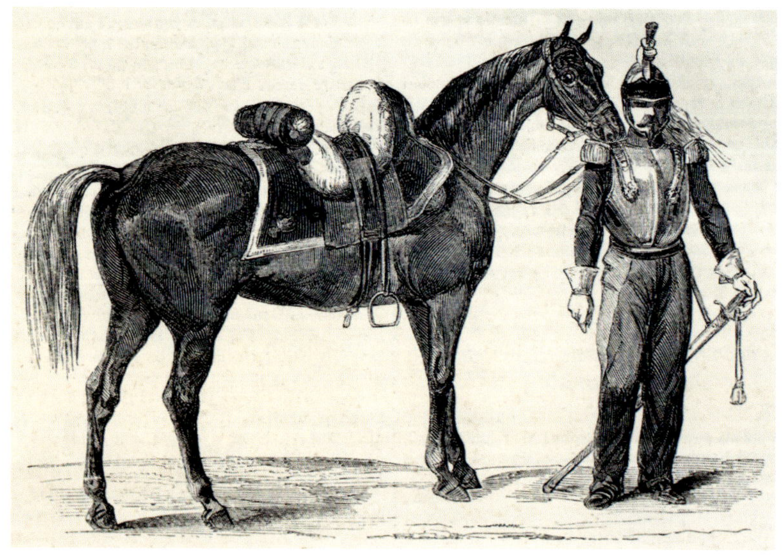

Bis zum Anfang des 20. Jahrhunderts waren Pferde für das Militär unverzichtbar, wie dieser Stich eines Kavalleristen mit seinem Pferd zeigt.

- die sportliche und spielerische Nutzung als Partner des Menschen

Insbesondere im asiatischen Raum und im weiteren Verlauf auch im Vorderen Orient, in Persien, dem heutigen Iran, entwickelte sich schon sehr früh eine Hochkultur der Pferdehaltung. Beispiele dafür sind auch die riesigen Mongolen- und Turk-Reitervölker, die oft kriegerisch in Europa wüteten.

Die Entstehung des modernen Reitsports

Das Pferd wurde in Europa seit dem Mittelalter hauptsächlich für militärische und landwirtschaftliche Zwecke eingesetzt. Die sportliche Nutzung von Pferden mit Ausnahme von mittelalterlichen Ritterturnieren oder Jagdausritten begann erst im 19. Jahrhundert.

Nach dem Ersten Weltkrieg und durch die zunehmende Technisierung von Industrie und Landwirtschaft ging der Bedarf an Pferden stark zurück und führte fast zum Ende der Pferdezucht. Mit der Wiederbelebung des Reitsports durch das Militär in Deutschland und Europa begann eine neue Phase.

Schon vor dem Ersten Weltkrieg gab es eine klassische Reitlehre in Form einer Heeresdienstvorschrift. Eine Reihe hervorragender Ausbilder konnte die hohe Schule der Reitkunst in die Zeit nach dem Zweiten Weltkrieg hinüberretten. 1948 nahm der erste deutsche Reiter bei einem Turnier im Ausland teil.

Aus der Vorkriegszeit waren noch wichtige Grundlagen und Voraussetzungen für die Pferdezucht vorhanden, wie Blutlinien, Rassemerkmale und Stutbücher. Sie ermöglichten einen reibungslosen Übergang und eine kontinuierliche Weiterentwicklung der Pferdezucht. Mit den ersten großen internationalen Turniererfolgen zum Beispiel von Fritz Thiedemann, Hans-Günther Winkler und Josef Neckermann war die deutsche Reiterei an der Weltspitze dabei und setzt diesen erfolgreichen Weg bis heute fort.

Neue Freizeitaktivität, neuer Markt

Rund um das Pferd entstand nach und nach ein riesiger Markt für Zubehör und Dienstleistungen, der sich bis heute allein in Deutschland zu einem Milliardengeschäft entwickelt hat. Entscheidenden Anteil daran hatten die Fachmessen, vor allem die 1972 ins Leben gerufene „Equitana“ in Essen.

Info

Rund 10.000 Unternehmen in Deutschland mit ca. 300 000 Beschäftigten setzen inzwischen rund 5 Mrd. mit Produkten und Dienstleistungen um, die direkt oder indirekt mit Pferden, Pferdesport oder -haltung zu tun haben.
(Quelle: BWL vom 02.05.2014, Fachjournal Equitrend 11.2006)

Neue Reitplätze, alte Böden

Ein Thema blieb indessen noch relativ unbeachtet: Es war der Reitboden, auf den die nun immer zahlreicher werdenden Pferde und Reiter dringend angewiesen waren. Nach 1945 waren nur noch wenige der vorher meist militärisch genutzten Reitanlagen vorhanden. Neue Anlagen wurden

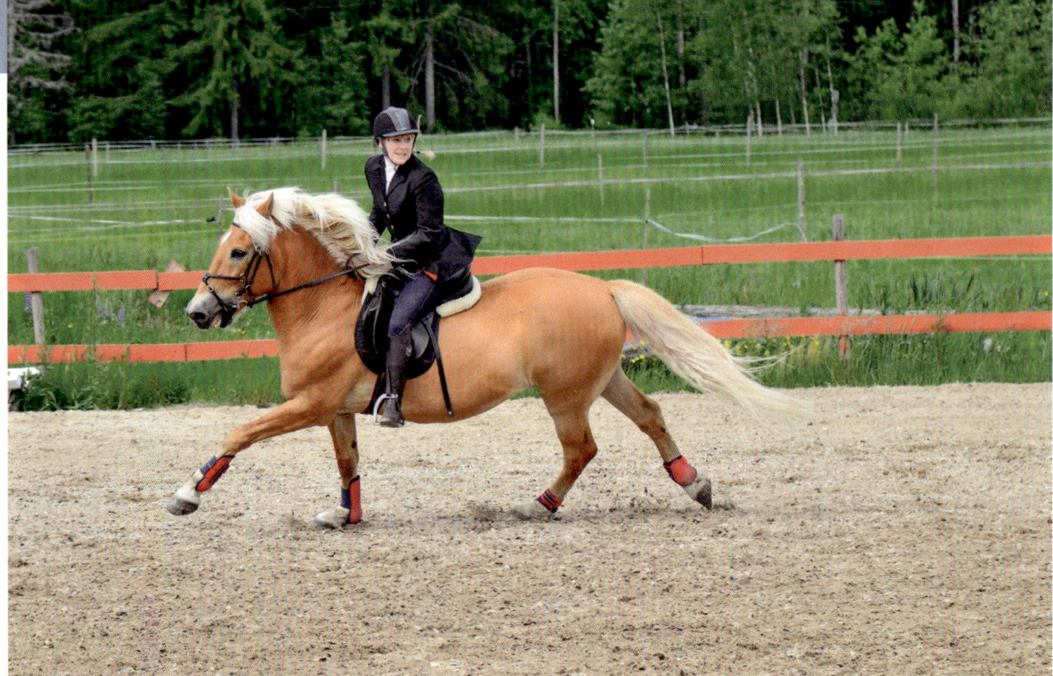

Der Aufschwung der Sport- und Hobbyreiterei erforderte immer mehr Platz für Training, Ausbildung und Schulreiten.

errichtet, aber die Böden und Beläge in den Hallen und auf den Außenplätzen wurden nach dem alten Muster angelegt.

Neben zahlreichen neuen Reitanlagen wurden die Stallungen der wegen der einsetzenden Industrialisierung stillgelegten landwirtschaftlichen Betriebe genutzt. Die Pferdehaltung hatte plötzlich genügend Raum, um sich auszudehnen. Doch die Möglichkeiten zum Ausreiten wurden durch die massive Bautätigkeit eingeschränkt: Es gab immer mehr Pferde und immer weniger Freiraum. Grund genug, um wetterfeste Reitplätze und Trainingsmöglichkeiten an den Reitanlagen zu installieren. Nun war es Zeit neue Bodenkonzepte.

Neue Ideen für einen besseren Reitboden

Es war vor allem die Messe „Equitana“, die Innovationen und neue Konzepte präsentierte. Bis etwa 1970 waren purer Sand oder Grasland die Grundlage aller Reitplätze im Freien gewesen.

Reithallen, überwiegend ehemalige Militäranlagen, waren meist mit organischem Material wie Spänen oder Eichenlohe, ausgestattet. Holzhackschnitzel gab es damals noch nicht.

Durch den sprunghaft angestiegenen Pferdebestand und die züchterisch anspruchsvollen Sportpferde wurden immer bessere Bodenbedingungen erforderlich. So kam Bewegung in diesen letzten, noch nicht ausgereiften Bereich der Pferdehaltung.

Erste neue Konzepte

Es gab einzelne Pioniere, die sich mit den gesteigerten Anforderungen an den Reitboden befassten. Diese entwickelten neue Ansätze für den Reitplatzbau und für Tretschichten. Neben den insgesamt gestiegenen Anforderungen an den Reitboden wurden die Bedürfnisse der einzelnen Reitdisziplinen spezieller. Daher unterscheiden sich die Ansichten über einen guten Boden oft stark.

Nach etwa 1980 wurde mit Holzhäckseln und verschiedenen Sanden experimentiert. Der Verfasser produzierte als einer der Ersten ab 1982 Holzhäcksel für Reitplätze und testete sie im eigenen Betrieb. Die „Tüftelei" ging weiter und in der Praxis zeigte sich erst wirklich, was dauerhaft Bestand haben würde. Ein Vorteil war, dass es bis dahin keine Reglementierungen für den Reitboden gab, wie es im Sportbodenbereich etwa bei Fußball, Tennis, Golf und anderen der Fall ist. Auch die 2014 neu herausgegebenen Empfehlungen der FLL lassen gewisse Spielräume offen und dienen nur der Orientierung. Daher bleibt auch heute noch genügend Raum für Innovationen im Reitplatzbau.

Reitboden ist ein besonderer Sportboden

So wurde der Reitplatzbau in den vergangenen 30 Jahren ständig weiterentwickelt und optimiert. Inzwischen hat es sich auch längst herumgesprochen, dass der Bau von Reitplätzen ein spezielles Thema ist und nicht mit dem Bau von Fußballfeldern oder Tennisplätzen vergleichbar.

Schlechte Beispiele gibt es aber immer noch. Nach dem Motto „haben wir doch immer so gemacht" besteht nach wie vor viel Skepsis und Unsicherheit gegenüber dem fachgerechten Aufbau und der neuen Art der Tretschichten für den Pferdesport.

2 Der moderne Reitplatzbau

Die moderne Bauweise beruht weitgehend auf den gesammelten Erfahrungen der vergangenen 30 Jahre. Der Bauherr und Betreiber eines Reitplatzes sucht nach einer praxiserprobten Lösung für einen dauerhaft guten Allzweckplatz. Er möchte nicht erst diverse Untersuchungsberichte studieren, deshalb verzichten wir hier auf die Darstellung wissenschaftlicher Testberichte und sprechen dafür aus seiner langjährigen Praxis des Bau von Reitplätzen für die individuellen Anforderungen des heutigen Pferdesports.

Wichtige Voraussetzungen

Im ersten Schritt müssen grundsätzliche Fragen geklärt werden, etwa zum Genehmigungsverfahren, zur Lage des Platzes im Gesamtareal der Anlage und der bauphysikalische Voraussetzungen wie Baugrundqualität, Entwässerung und Flächenmaß. Die geologischen Gegebenheiten und die bautechnisch und nutzungsmäßig günstigste Lage und Größe eines Platzes müssen mit den Anforderungen der Baugenehmigung und des Nachbarrechts abgestimmt werden.

Alle diese Fragen sollten bereits im Vorfeld der Planung eindeutig geklärt sein, denn bedenken Sie: Der Weg durch den Behördendschungel ist meist lang und schwierig. Richten Sie also zunächst eine unverbindliche Bauvoranfrage an Ihre zuständige Gemeindeverwaltung und bauen Sie auf keinen Fall einfach drauf los.

Beim Neubau einer Gesamtanlage gibt es meist schon Planunterlagen für den oder die Plätze. Es liegt ganz bei Ihnen, ob Sie weitere Architektenleistungen für die Planung des Außenvierecks in Anspruch nehmen möchten. Dabei kommt es auf die Wahl eines kompetenten Architekten an, denn leider hinkt deren Wissen über den Bau von Reitplätzen oft etwas hinter der Praxis her.

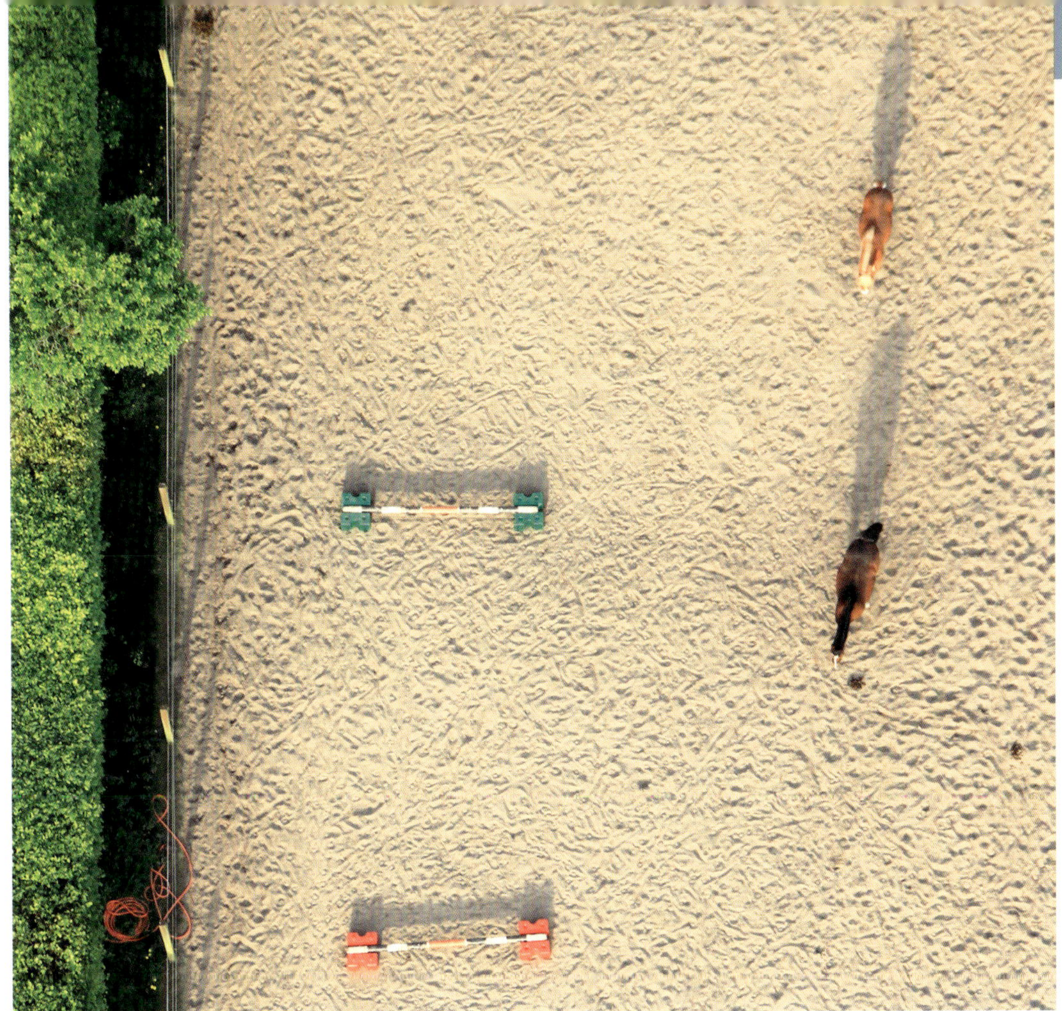

Bei der Entwickung neuer Reitböden wurden viele verschiedene Systeme und Bauweisen getestet, bis sich diejenigen herausgestellt hatten, die sich am Ende bewährt haben.

Lage und Bemessung der Reitfläche

Wenn das neue Außenviereck als Rechteck geplant wird, sollte es wegen der Sonneneinstrahlung für Reiter und Zuschauer in Nord-Süd-Längsrichtung ausgerichtet werden.

Normmaße für Außenplätze entsprechend der Nutzung

- Allround-Reitplätze (auch Western, Reitschule und Freizeitreiten) 20 × 40 m = 800 m²
- Dressur ab Klasse L 20 × 60 m = 1200 m²
- Springplätze 50 × 80 m = 4000 m²
- Fahren 40 × 100 m = 4000 m²

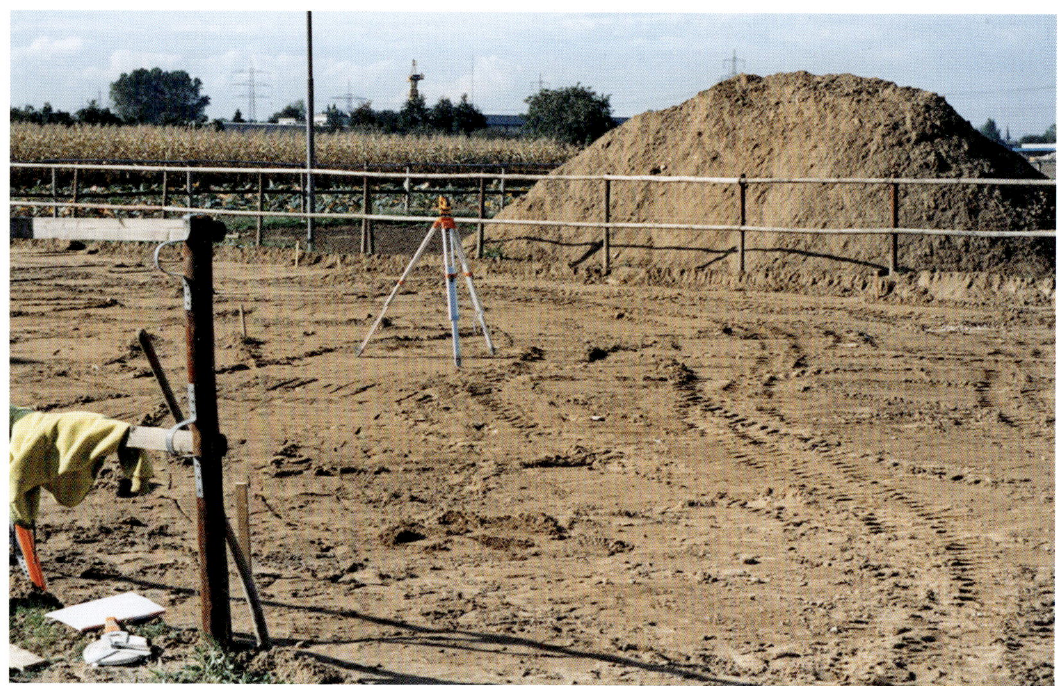

Ein Reitplatz ist nie zu groß bemessen, jeder Quadratmeter mehr ist von Vorteil. Größere Flächen können durch variabel einsetzbare Holz- oder Kunststoffgatter abgegrenzt oder unterteilt werden.

Platzaufbau

Sind Lage und Größe des Platzes geklärt, wird der Baugrund geprüft. Als „feste Größe" muss zunächst akzeptiert werden, dass die Beschaffenheit des Baugrundes und seine Wasserdurchlässigkeit die Grundlage des gesamten Platzaufbaus bilden. Allerdings können diese Parameter durch entsprechende Maßnahmen verändert oder verbessert werden (siehe Kapitel 3).

Planierung und Neigung

Die Planie sollte mit Lasergrader erstellt und eine leichte Neigung (max. 1 %), möglichst quer zur Platzfläche, also über die kurze Seite, aufweisen und gut verdichtet werden. Grundsätzlich ist auf Ebenheit und vor allem Tragfähigkeit der Planie zu achten (siehe Kapitel 3).

- Auf einem ebenen Baugrund sollte die Platzoberfläche etwas über dem natürlichen Erdniveau liegen.

- Bei Berganschnitten ist die Abführung des oberseitigen Hangwassers außerhalb der Platzfläche wichtig.
- Bis circa 30 m Breite des Platzes ist ein Pultdachgefälle vorteilhaft – auch wegen der späteren Platzpflege.
- Breitere Platzflächen werden meist als Satteldach angelegt.
- Eine Ausnahme sind die sogenannten Anstauplätze (Ebbe-Flut-System, siehe Seite 28). Dort muss die Planie in der Waagerechten, also ohne Gefälle ausgeführt sein.

Achtung
Die Erdplanie sollte nicht bei gefrorenem Boden ausgeführt und die erstellte Planie nicht offen liegen gelassen werden. Also sofort die Tragschicht aufbauen.

Platzentwässerung

Meist wird einer vertikalen Entwässerung der Vorzug gegeben. Horizontal entwässerte Plätze baut man bei Verwendung von lehmhaltigen Sanden (siehe Kapitel 3) überwiegend als Tretschicht. Sie sind allerdings witterungsabhängiger, pflegeaufwendiger und benötigen mehr Wasser, weil sie durch den Lehmanteil im Sand schnell zu hart werden.

Lage der Entwässerungsleitungen

Bei Platzflächen bis 20 m Breite und Quergefälle reicht eine Flächendrainage in der Tragschicht aus sauberem Schottermaterial ohne Nullanteil (geprüftes 2 – 32er oder 45er Materialgemisch) und eine Entwässerungsleitung an der tiefer liegenden langen Seite. Außerhalb der eigentlichen Platzfläche ist es ebenfalls sinnvoll, gleich Leerrohre für spätere Beleuchtung und/oder Bewässerung vorzusehen.

Der Durchmesser der Drainleitungen oder des flexiblen Drainschlauchs sollte bei 100 bis 120 mm liegen. Bei breiteren Platzflächen oder wenn der Platz nur ein Längsgefälle auf-

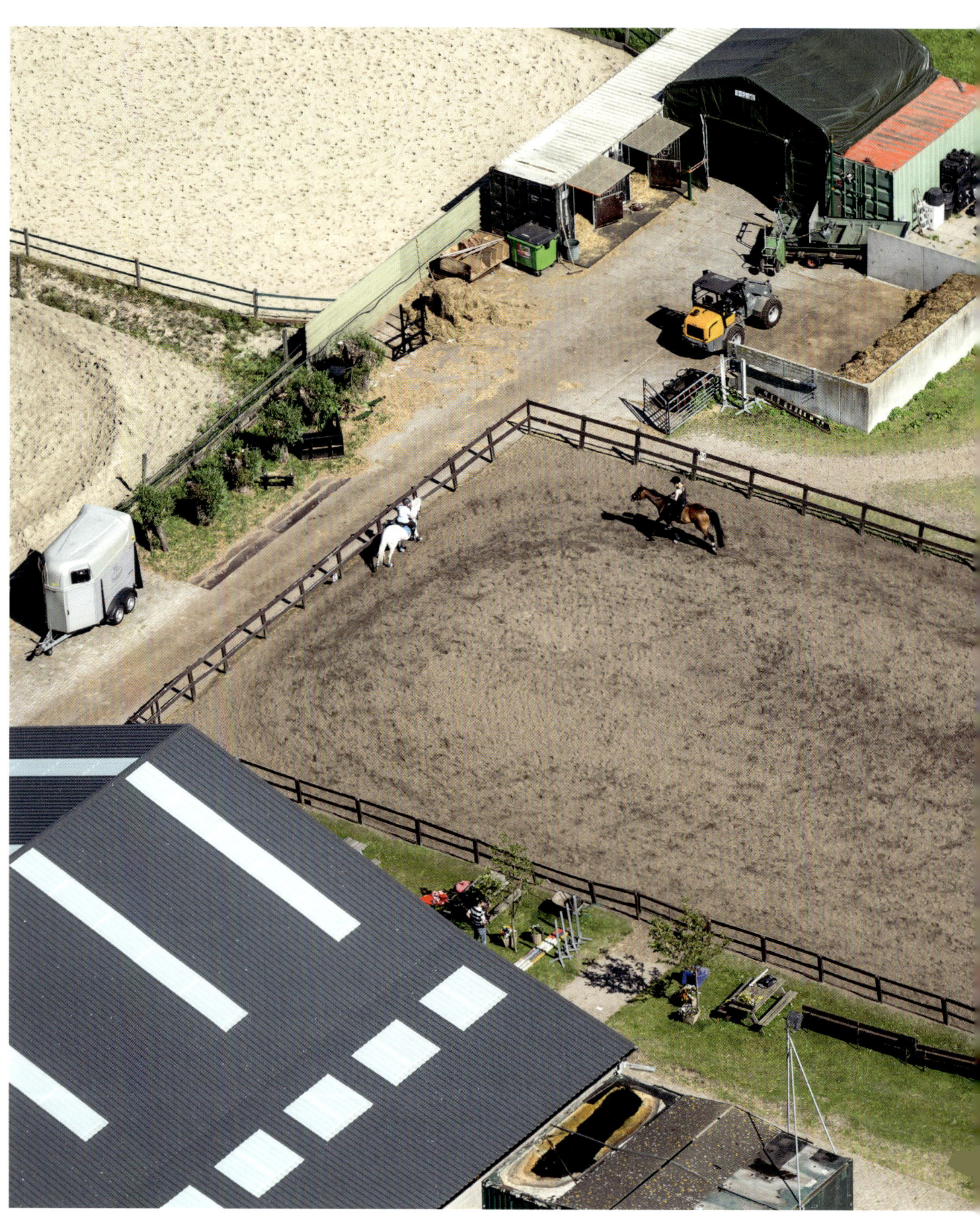

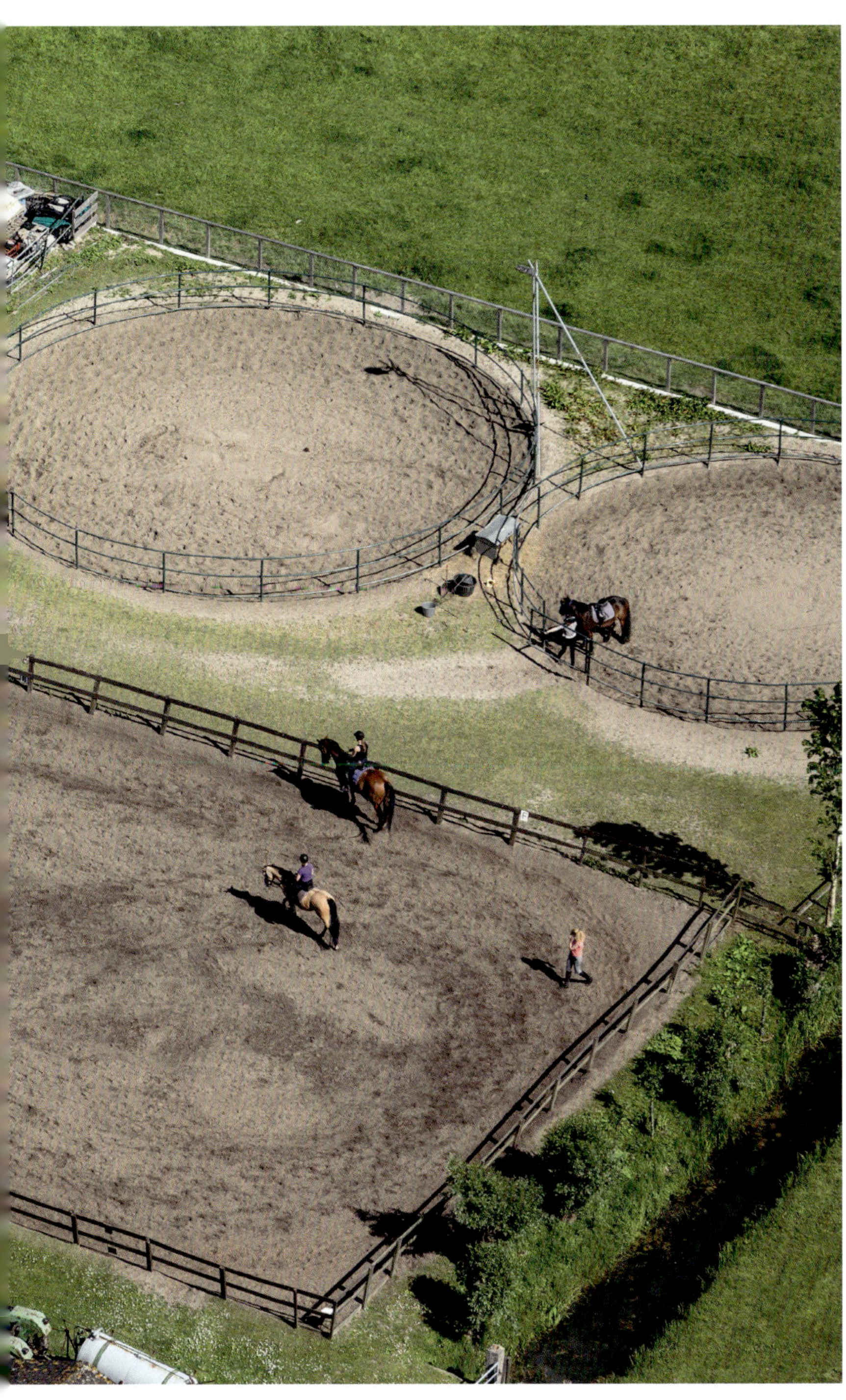

Ein wichtiger Punkt bei der Planung eines Reitplatzes ist die Festlegung und Befestigung der Zugangswege vom Stall zu Halle, Reitplatz und Auslauf.

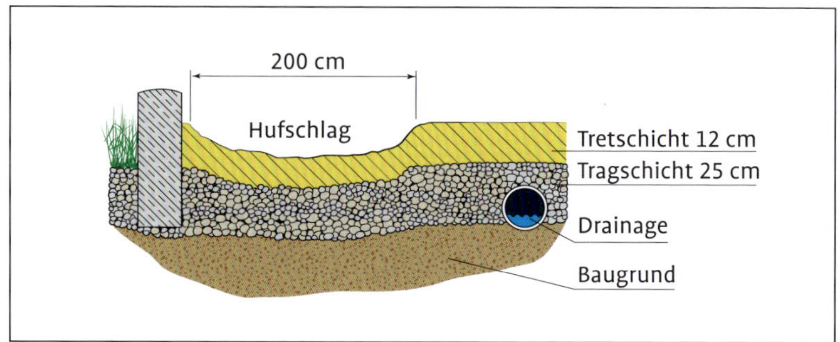

Zu starke Verdichtung der Trag- und Tretschicht unter dem Hufschlag kann zur Fließunterbrechung führen und dadurch die Funktion der Drainage beeinträchtigen.

weist, muss etwa alle 15 m eine Querdrainage eingeplant werden. Die Drainagen selbst sollten ein geringes Gefälle von 0,3 bis 0,5 % aufweisen und mit sauberem Drainkies 8–16/32 mm bis zur Oberkante der Planie abgedeckt werden.

Die Leitung sollte circa 2 m von der Platzaußenkante nach innen verlegt werden, also nicht auf der Linie des Hufschlags, denn es hat sich gezeigt, dass unter dem Hufschlag mit der Zeit eine Verdichtung und so eine Sperre nach außen entsteht.

Hangwasser sollte bereits vor der Platzfläche abgefangen und abgeleitet werden. Beide Leitungsstränge, an der unteren und oberen Längsseite, sollten an der kurzen Seite miteinander verbunden und vom Platz weggeführt werden. Eingeplant werden sollten an den Verbindungen jeweils ein Kontrollschacht sowie je ein Spülschacht am Leitungsanfang und an der Ausleitung. Achten Sie auf eine sichere und fachgerecht angelegte Abflussleitung vom Platz weg in einen Vorfluter oder, wenn nicht anders möglich, in eine künstlich angelegte Sickergrube.

Tipp

Bei labiler Oberfläche der Planie empfiehlt es sich, ein synthetisches Trennvlies von mindestens 200 g/m² als zusätzliche Sicherheit und Schichtentrennung zu verlegen. Es empfiehlt sich, dieses auch unter den Drainagen zu verlegen.

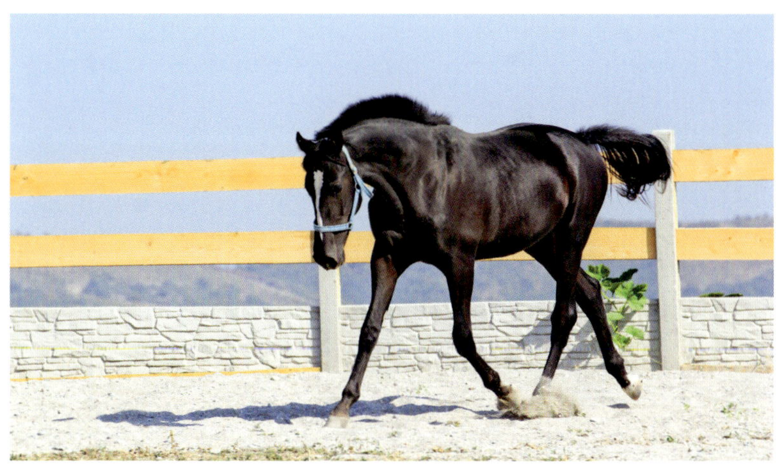

Die Randeinfassung des Platzes kann mit einem Zaun kombiniert werden.

Zugangswege und Randeinfassungen

Die Wege sollten möglichst kurz, gut befestigt und breit genug für Pflege- und Baufahrzeuge, die Hauptwege für die Reinigung und den Transport von Nachfüllmaterial besonders massiv und scherfest gebaut werden.

Weiter ist zu empfehlen, rund um den Platz herum einen befestigten Wegstreifen von circa 1,50 bis 2 m Breite anzulegen. Am besten wird dieser bereits bei der Erstellung der Planie und der Tragschicht eingeplant. Er dient als Pflegeweg oder auch zur Vorbereitung der Pferde bei Dressurturnieren.

Die Randeinfassung sollte nicht unnötig hoch über die Tretschichtoberfläche hinausragen: 20 cm sind ausreichend. In Kombination mit mit Bande oder Zaun für freilaufende

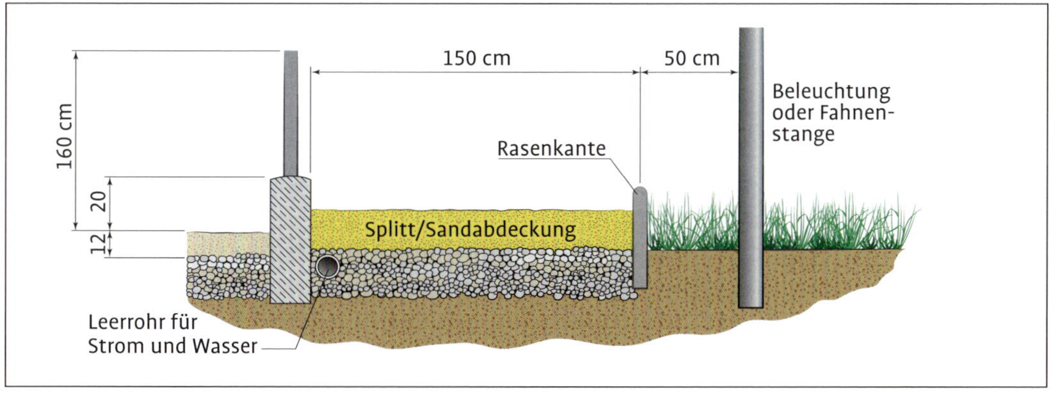

Bebauung außerhalb des Platzes

Pferde oder bei Nutzung des Platzes für den Schulreitbetrieb sollte die Höhe der Einfassung bei 1,60 m liegen, und die Tore mindestens 3 m breit sein.

Wegen der Verletzungsgefahr für Mensch und Tier sollte kein hartes Material wie Beton oder Stahl als Einfassung verwendet werden. Und wenn, dann sollte es zumindest mit Holz oder Kunststoff überdeckt werden. Auch dürfen keine scharfen Kanten stören.

Bepflanzung

Teilweise wird eine Bepflanzung verlangt oder sie empfiehlt sich als Abschirmung einer Straße oder von Gebäuden. Soweit eine Bepflanzung vorgesehen ist, sollte sie nicht aus Bäumen, sondern nur aus Buschwerk bestehen.

Die Bepflanzung sollte mit genügend Abstand zum Reitplatz erfolgen, um Humuseintrag durch fallendes Laub zu vermeiden und auch, um genügend Platz für die Pflege und den Schnitt der Pflanzen zu haben.

3 Der Aufbau des Reitplatzbodens

Der technische Aufbau eines Außenreitplatzes besteht aus Bauschichten, von denen jede eine spezielle Aufgabe hat. Der vorhandene Baugrund ist der sogenannte Untergrund. Er bildet das eigentliche Traggerüst für den späteren Platz.

Unterbau

Der Untergrund selbst oder Baugrund ist eine geologisch bedingte Gegebenheit, die von der Lage des Platzes abhängt. Liegt er beispielsweise auf ebener Erde oder muss ein Hang angeschnitten werden? Dies würde natürlich mehr Aufwand und Vorarbeit bedeuten.

Sofern am Untergrund Korrekturen erforderlich sind, zum Beispiel ein Höhenausgleich, die Erhöhung der Tragfähigkeit oder der Ausgleich bei Unebenheit, dann spricht man vom Unterbau.

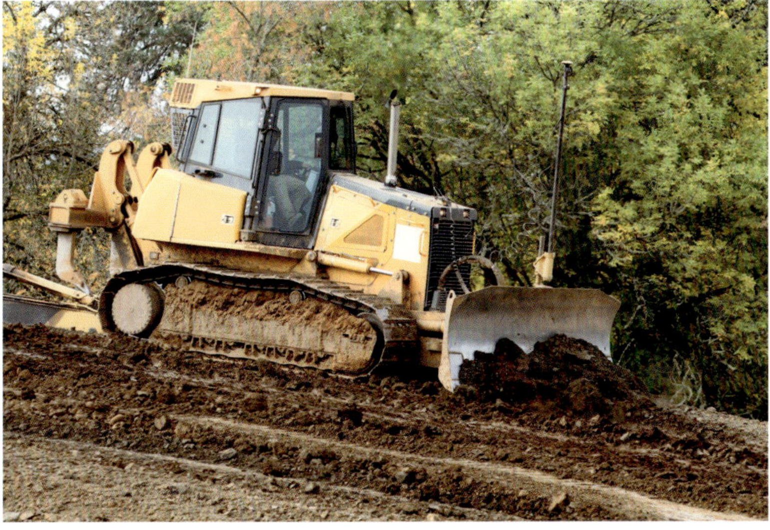

Auf den Untergrund und seine Beschaffenheit kommt es an, wie ein Reitplatz aufgebaut wird.

Die Bodenbeschaffenheit
Die Skala der Bodenklassifikation ist nach DIN 18196 eingeteilt und reicht von sehr lehmhaltig, unstabil und wasserundurchlässig bis sandig und deshalb hoch tragfähig und wasserdurchlässig.

Als Richtschnur für die Bodenbeschaffenheit gilt eine „Überfahrprobe“ mit einem LKW von 10 t Achslast auf normal trockenem Boden. Dabei darf die Verformung nicht tiefer als 2 cm sein. Ein klares Ergebnis liefert im Zweifelsfall ein Lastplatten-Druckversuch (Institut für Bodenmechanik).

Drainage

Die Wasserdurchlässigkeit ist immer unabhängig von der Standsicherheit der Planie. Da die Bodenschichten oft sehr dick sind, helfen zur vertikalen Entwässerung nur eine fachgerecht angelegte Drainage der Platzfläche und die richtige Kornstruktur der darüber liegenden Tragschicht.

Gut zu wissen
Die Tragfähigkeit des Untergrunds kann optimiert werden durch Einfräsen von Strukturkorn wie Lava oder Schotter. Auch durch die Einmischung von Kalk lässt sich die Tragfähigkeit erhöhen. Allerdings kann sich dabei die Wasserdurchlässigkeit des Bodens verschlechtern.

Oberbau

Der Oberbau beim 3-Schicht-Aufbau besteht meist aus den übereinanderliegenden Schichten Tragschicht, Trennschicht und Tretschicht. Die 2-Schicht-Bauweise (Tragschicht-Tretschicht) ist eine Sonderform, zum Beispiel beim Aufbausystem „Ebbe-Flut“, bei oberflächig verklebter Tragschicht mittels Bitumen-Emulsion und bei Systemen mit mechanisch eingefasster Tragschicht.

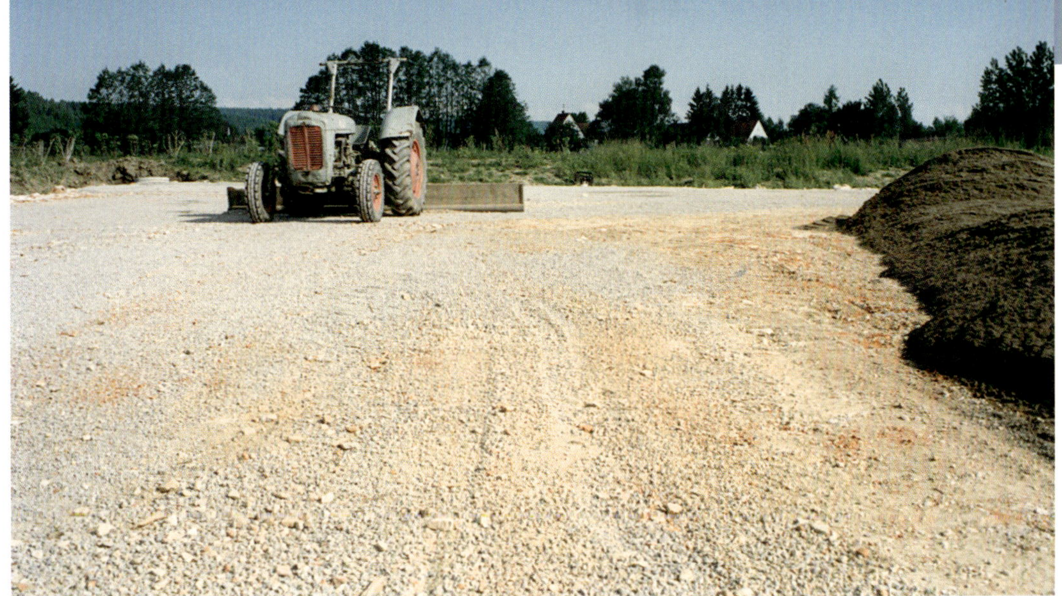

Tragschicht

Die Tragschicht bildet zusammen mit Trenn- und Tretschicht den sogenannten Oberbau.

Entscheidend ist, dass der Gesamtaufbau, angefangen vom Baugrund bis zur Oberkante der Tretschicht, der späteren Nutzung gerecht wird. Die Dimensionierung der einzelnen Schichten beruht auf Erfahrungswerten.

Vor allem die Tragschicht muss der Tragfähigkeit des Unterbaus angepasst sein. Im 3-Schichtaufbau sollte sie in verdichtetem Zustand keinesfalls unter 25 cm Dicke betragen. Die darüber liegende Trennschicht sollte, sofern es sich

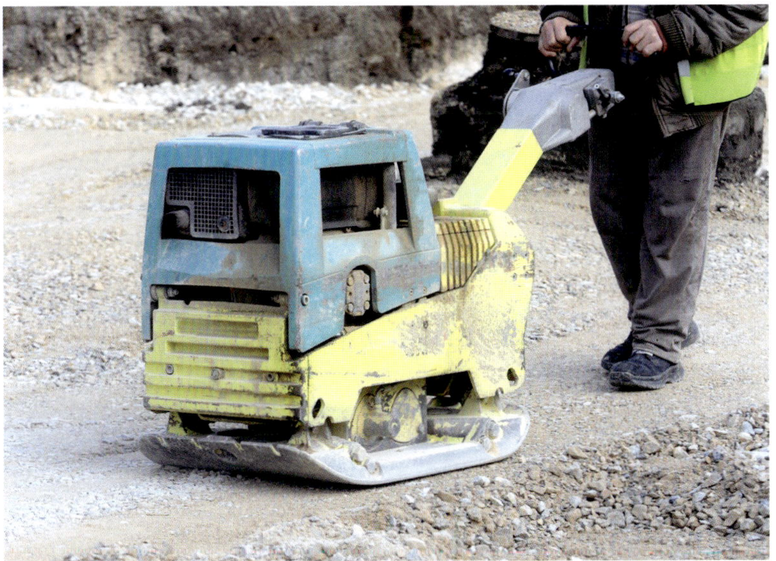

Für die Verzahnung der Trag- und der Trennschicht ist es wichtig, dass sie anschließend zusammen abgerüttelt beziehungsweise verdichtet werden.

Die Tabelle zeigt wie die Art des Aufbaus in Abhängigkeit zu den Anforderungen durch die Hauptnutzung steht.

Aufbauart		**Hauptnutzung**				
		Springen	**Dressur**	**Western**	**Fahren**	**Allround**
3-Schicht Aufbau						
Tragschicht jeweils Schotter						
Trennschicht	**Entwässerung**					
Gitter/Matten	vertikal	5	5	4	5	5
Gewebematte	vertikal	3	5	–	5	4
Lavagranulat	vertikal	3	5	1	4	4
2-Schicht Aufbau						
Schotter/Bitumen	horizontal	4	4	5	5	5
Schotteraufbau kornabgestuft	horizontal	2	4	4	4	3
2-Schicht Aufbau						
Ebbe-Flut-System	–	5	5	–	5	4
GEOLINE®-System	vertikal	5	5	3	5	5

Bewertung: 5 = sehr gut bis 1 = wenig geeignet

um ungebundenes, also lose aufgebautes Material handelt, nicht dicker als 5 cm sein. Sonst ist die Verzahnung mit der Tragschicht nicht mehr wirksam und das Material kann sich verschieben, das heißt, die Scherfestigkeit leidet.

Trennschicht und Tretschicht

Die Trennschicht wird in mehreren Varianten ausgeführt. Für stärker beanspruchte Plätze verwendet man vielfach als scherfeste Trennschicht Matten oder Gitterplatten. Detailliertere Information dazu finden sich ab Seite 39. Das Kapitel beschäftigt sich auch mit Funktion und Beschaffenheit der Tretschicht. Sie hat als Hauptbestandteil jedes Außenreitplatzes die wichtigste Funktion.

Reiteigenschaften

Als Reiteigenschaft bezeichnet man den Aufbau des Platzes entsprechend den Anforderungen der verschiedenen Disziplinen. Schlag- und Aufprallkräfte sowie hohe Scherkräfte, wie beispielsweise bei Stopps und kurzen Wendungen im Westernreiten, wirken sich absolut zerstörerisch auf den Boden aus. Neben dem Belag werden dabei auch die darunterliegenden Schichten in Mitleidenschaft gezogen. Allein im Interesse der Pferdegesundheit sollte ein künstlich aufgebauter Reitboden auch möglichst nahe an die Qualität eines Naturbodens herankommen. Nur so kann das Pferd sich wirklich sicher fühlen.

Ideale Reiteigenschaften einer Tretschicht.

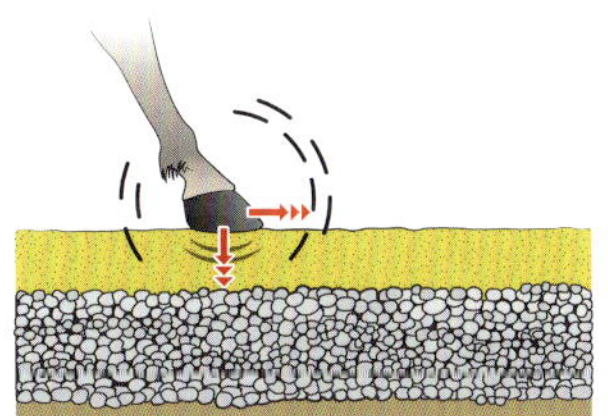

Aufpralldämpfung eim Auffußen

Erster Kontakt ohne Einfluß des Körpergewichtes. Das Auffußen hat einen Bremseffekt, bei dem der Huf vorwärts und abwärts in den Boden gleitet. Stoßwellen und Vibrationen werden in den unteren Teil des Beines geleitet. Sie sind bei elastischem Boden gering.

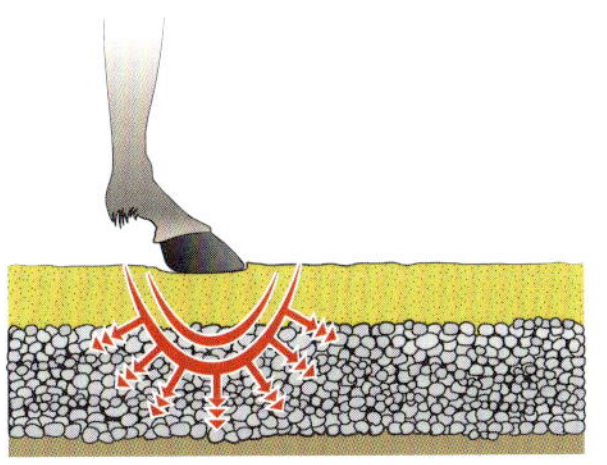

Elastizität beim Belasten – Druckverteilung

Sobald der Huf in vollem Kontakt mit dem Boden ist, werden Bein und Huf mit dem ganzen Körpergewicht belastet. Das Fesselgelenk wird gegen den Boden gedrückt, die Stützbänder dehnen sich. Das absorbiert die Kräfte, die bei elastischem Boden kleiner sind.

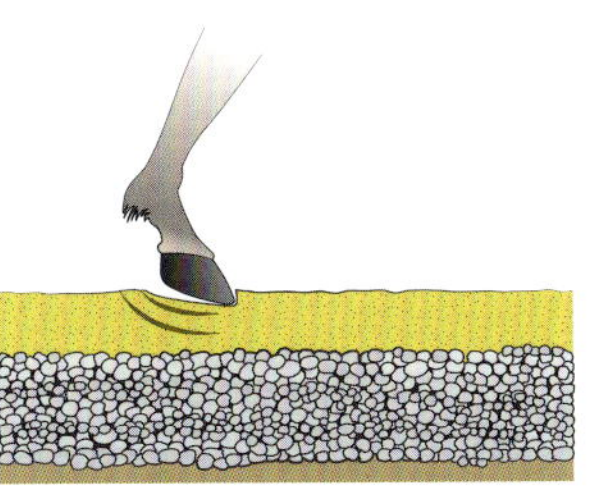

Energierückgewinnung beim Abstoßen, sogenannter „schneller Boden"

Nach der Belastung wird der Huf gegen den Boden gestoßen, um den Körper voranzubringen. Kompakter und griffiger Boden bietet dem Huf den gewünschten Halt. Im Gegensatz zu den beiden vorangegangenen Phasen ist hier ein härterer Boden also von Vorteil.

5*2	3	5*3	3	4	2	3	Bitumen entsorgen
5*2	2	2	5	3	2	5	Naturstoffe
5	–	1*1	3	4	4	4	Kunststoff entsorgen
5	4	3*1	2	5	5	3	Kunststoff entsorgen

Bewertung (Eignung, Preis, Aufwand): 5 = hoch bis 1 = niedrig

Gewaschener Sand bzw. Quarzsand eignet sich in keinem Fall

*1 Verdichtung, Horizontbildung
*2 nicht geeignet für Westerndisziplinen
*3 nur geeignet für Westerndisziplinen

Wirtschaftlichkeit der Materialien für die Reittretschicht im Vergleich (siehe auch Grafiken Seite 57 und 64)

Ein Reitplatz muss folgende Eigenschaften aufweisen:

- in erster Linie eine hohe Scherfestigkeit – auch der Schichten untereinander,
- Aufpralldämpfung,
- Stoßabsorbierung,
- Energierückgewinnung (z. B. „schneller" Boden beim Springen).

Nutzungsfrequenz

Die Lebensdauer des gesamten Platzaufbaus hängt weniger von der Nutzung ab, sondern vielmehr von der Auswahl und Qualität des Baumaterials. Bei einem richtig aufgebauten Reitplatz treten bei 2-Schichtaufbau Probleme mit der Lebensdauer höchstens an der Oberfläche der Tragschicht auf, beim 3-Schichtaufbau an der Oberfläche der Trennschicht.

Meist ist eine mangelhafte Tretschicht die Ursache. Ist die Tretschicht zu lose, treten die Pferde durch und zerstören die Trenn- bzw. Tragschicht. Ist sie zu lehmhaltig, verdichten sie die darunterliegende Schicht. Die Wasserdurchlässigkeit wird dadurch gestört und es bilden sich Pfützen im Belag.

Auch Gitterplatten als Trennschicht können sich problematisch auswirken, denn sind sie irgendwann verstopft, ist die Reinigung sehr aufwändig.

Gestehungskosten

Um die finanziellen Aufwendungen für einen Außenreitplatz einzuschätzen, lohnt es sich, sich viele und vor allem auch ältere Plätze anzusehen und die Betreiber nach ihren Erfahrungen zu fragen. Nehmen Sie verschiedene Anbieter unter die Lupe, vergleichen Sie die Angebote und holen Sie sich den Rat eines erfahrenen Reitplatzbauers ein.

Wichtig

Verwenden Sie kein billiges und unzertifiziertes recyceltes Baumaterial und achten Sie auf die richtige Dimensionierung der Schichtstärken. Außer den Empfehlungen der FLL gibt es allerdings noch keine einheitlich festgelegten Normen, auf die Sie sich in einem Streitfall beziehen könnten.

Aber bedenken Sie: Eine fertige Lösung für Ihre Anforderungen oder Vorstellungen gibt es im Reitplatzbau nicht. Sie wird von und mit Ihnen entwickelt. Der Aufbau sollte auf die von Ihnen vorgesehene Nutzung abgestimmt sein. Und sofern die richtigen Materialentscheidungen getroffen wurden, zahlen sich höhere Gestehungskosten längerfristig aus.

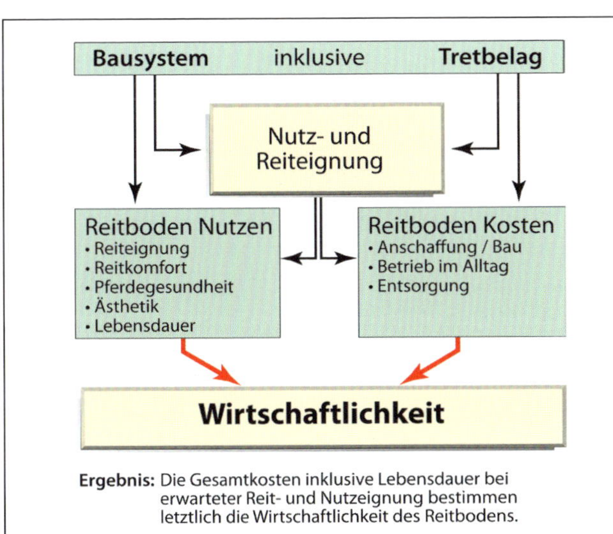

Bei der Betrachtung der Kosten eines Reitbodens werden oft wichtige Faktoren vernachlässigt. Insbesondere der Pflegeaufwand im Alltag sowie die Entsorgungskosten sollten mit eingepreist werden.

4 Sonderbauweisen im Reitplatzbau

Neben dem klassischen Aufbausystem, dem 2- oder 3-Schichtaufbau (siehe Seite 22 und 31), gibt es weitere Aufbauvarianten, die genügend Möglichkeiten bieten, Reitplätze für ganz spezielle Anforderungen und Zielgruppen zu bauen.

Das Anstausystem „Ebbe und Flut“

Das Ebbe-Flut-System hat sich in der Praxis gut bewährt und daher auch entsprechend beim Bau von Reitplätzen durchgesetzt. Der Aufbau ist relativ einfach: In eine wasserundurchlässige Folienwanne wird ein Drainagesystem verlegt und an einen Kontrollschacht außerhalb der Wanne angeschlossen. Die in dem Schacht montierte automatische Schwimmeranlage steuert und kontrolliert den voreingestellten Wasserstand im Reitplatz. Die Feuchtigkeit kann je nach den Anforderungen der verschiedenen Disziplinen, etwa Springen oder Dressur, verändert werden. Der Belag behält dadurch konstant eine der Nutzung angepasste Trittstabilität und wird zum idealen Allwetterplatz.

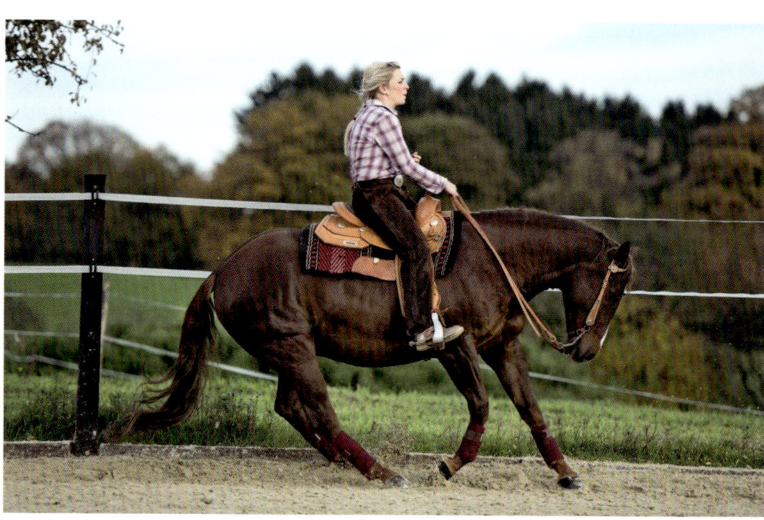

Western-Reitplätze stellen besonders hohe Anforderungen an den Reitplatzbauer.

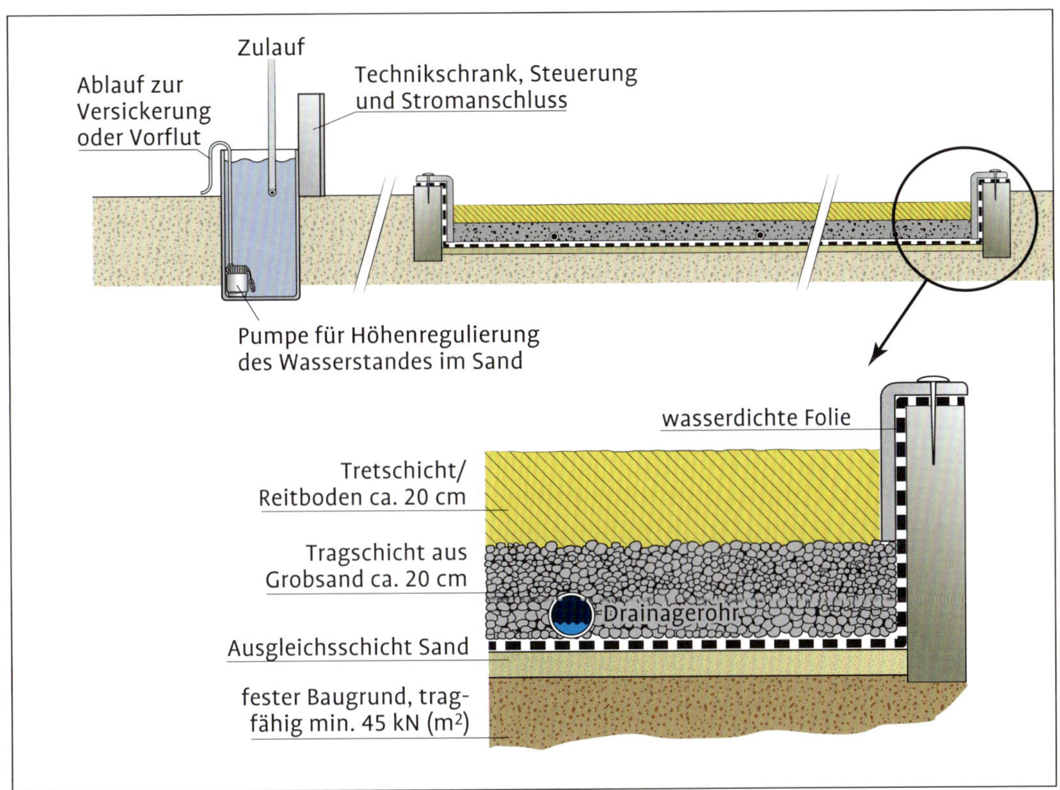

Ebbe und Flut-System für Reitplätze

So funktioniert's

Durch die „Ebbe und Flut-Unterflurbewässerung“ wird die Trag- und Trittstabilität des Sandes beeinflusst: Bei Flut wird durch das Überspülen der Sand durchnässt und dadurch hoch tragfähig. Sobald sich bei Ebbe das Wasser zurückzieht, trocknet der Sand aus und seine Tragfähigkeit geht verloren.

Die Tretschicht auf dem Reitplatz kann durch technisch mit einer regulierbaren Schwimmerausrüstung ausgestatteten Steuerung auf einen bestimmten Wasserstand eingestellt und gleichbleibend feucht gehalten, also optimiert werden. Ist bei Niederschlag die Tretschicht zu nass, wird ihr Wasser entzogen (Ebbe), ist sie zu trocken, wird eine entsprechende Menge Wasser zugeführt (Flut).

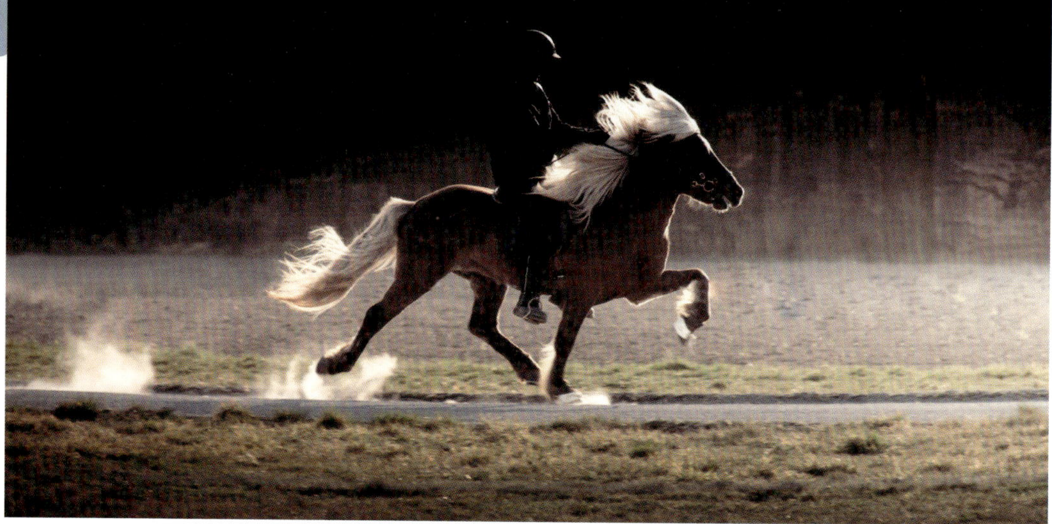

Islandpferde fühlen sich auf härterem Boden wohl.

Aufbau des Platzes

Das gesamte System beruht auf einem 2-Schicht-Sandaufbau und der Kohäsionskraft (siehe Korngrößen, Seite 49/50). Gleichmäßige Feuchtigkeit bei diesem System ist so wichtig, um die Kohäsion aufrecht zu erhalten.

- Auf einem exakt eben ausgeschachteten und verdichteten Baugrund wird als Ausgleich und Puffer eine dünne Schicht aus Sand verteilt.
- Darauf wird eine stabile und vor allem wasserdichte Kunststofffolie aus zusammengeschweißten Bahnen ausgelegt und an der bereits angebrachten Randeinfassung befestigt.
- In dieser wasserundurchlässigen Mulde wird dann das Drainagesystem verlegt, durch das Wasser von unten zugeführt oder abgezogen wird. Der Zu- und Ablauf des Wassers wird durch eine automatisch regelbare Pumpe am Schachtboden gesteuert.
- Auf die Drainage wird eine 20 bis 30 cm dicke Sandschicht aus grobem Sand (0,1–2 mm) und darüber eine circa 20 cm dicke Schicht aus feinem Quarzsand (0,06–0,4 mm) höhengenau eingebaut.
- Dann wird der Wasserstand in der oberen Schicht den Anforderungen entsprechend eingestellt.
- Vor der Inbetriebnahme der Anlage im Frühjahr sollte sie auf Dichte geprüft werden.

In der Praxis hat sich gezeigt, dass in den Quarzsand eingemischtes synthetisches Material in form von Vlieshäcksel (siehe Seite 51 ff.) eine noch bessere und vor allem gleichmäßigere Trittstabilität zur Folge hat. Außerdem verringert die synthetische Einlage die relativ starke Verdunstung und reduziert dadurch den Wasserverbrauch.

Allerdings könnten der etwas schwierigere Austausch der Tretschicht und die fachmännische Wartung der Schwimmerregulierung, vor allem in der Übergangszeit, als nachteilig betrachtet werden. Auch müssen bei der Ableitung von eventuell emissionsbelasteten Abwässern die Richtlinien zum Gewässerschutz beachtet werden (Nitratbelastung).

2-Schichtaufbau mit Gitterelementen

Ein typischer 2-Schichtaufbau bietet sich auch durch die Verwendung von Gitterelementen an, denn die 10 cm hohen Wabenelemente dienen hierbei als Trag- und Trennschicht in einem. Wird ein solcher Platz mit Vulkanlava verfüllt, so garantiert dies sowohl eine dauerhafte Flächenentwässerung als auch eine Wasserspeicherung, durch die Feuchtigkeit entsprechend nach oben in den Belag wieder abgegeben wird.

Zwei-Schicht-Aufbau eines Reitplatzes mit Geogitter-Elementen.

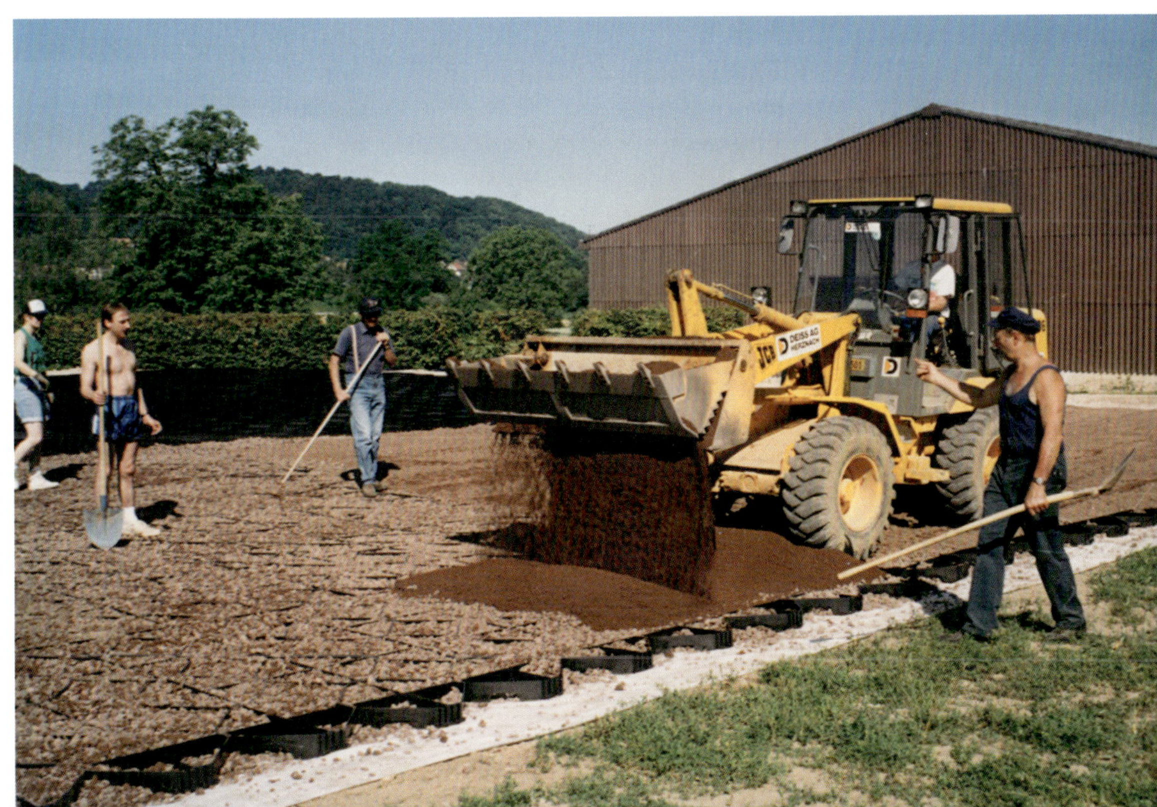

Die Ovalbahn

Die Ovalbahn für das Training von Islandpferden kann als klassische Sonderbauweise bezeichnet werden. Durch die Gangart Tölt haben Isländer etwas andere Bedürfnisse, was den Boden auf Übungsplätzen angeht. Sie bevorzugen generell härtere Böden beziehungsweise Beläge. Der Bau einer normgerechten Ovalbahn erfordert daher Spezialkenntnisse und sollte von einer Fachfirma beraten und gebaut werden.

Western-Reitplätze

Western-Reitplätze werden meist den Allround-Reitplätzen gleichgesetzt. Zu beachten ist aber, dass die Trennschicht hoch scherfest sein sollte. In der Regel wird der Platz im 2-Schichtaufbau ausgeführt und die Entwässerung geschieht horizontal über die Platzoberfläche (siehe Seite 25).

Temporäre Reitplätze

Auch der Einsatz von temporären Plätzen fällt in die Kategorie „Sonderbauweisen". Diese für bestimmte Zeit als Ausweich- oder Zusatzplatz genutzten Reitflächen sollten schnell auf- und abgebaut werden können. Am besten eignet sich hierfür ein Mattensystem (siehe Seite 40) mit integrierter Entwässerung sowie ein Sand-Synthetikgemisch als Tretbelag, welches nach Abbau wieder weiter verwendet werden kann.

Aufbau eines temporären Reitplatzes

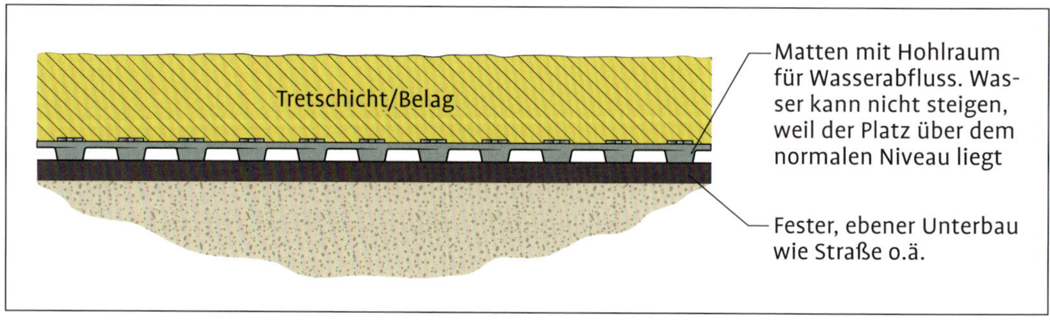

5 Der Naturrasen

Rasen ist die älteste Form eines Außenplatzbodens, findet aber im Reitplatzbau kaum noch Berücksichtigung. Dazu geführt hat die ständige Verbesserung der allwettergeeigneten, künstlich angelegten Außenplätze. Dazu kommt, dass die intensive Nutzung eines Rasenplatzes im Reitbetrieb im Gegensatz zu den britischen Inseln bei unseren kontinentaleuropäischen Witterungsverhältnisse praktisch nicht möglich ist.

Aufbau des Platzes

Rasenplätze unterliegen den Gesetzen der Natur und sind deshalb auch vom Aufbau her differenzierter zu behandeln. Deshalb ist eine Beratung durch ein Institut für Boden- und Vegetationstechnik zu empfehlen.

Rasenplätze werden in der Regel in 2-Schicht-Bauweise erstellt. Der Fachausdruck dafür ist

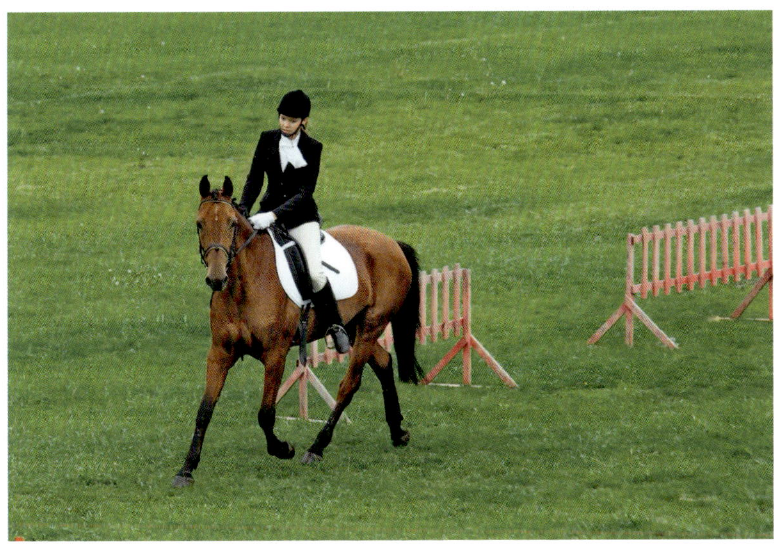

Rasenplätze werden heute eigentlich nur noch als Springplätze oder temporär als Turnierplätze genutzt.

„Bodennahe Bauweise". Je nach den an der Stelle vorliegenden Bodenverhältnissen kann eine Erweiterung dieser Bauweise in Form einer zusätzlichen Speicherschicht notwendig werden.

Speicherschicht

Das Ziel einer Speicherschicht ist der Rückhalt beziehungsweise die Verzögerung des Abflusses von Oberflächenwasser. Dadurch wird ein zu schnelles Auswaschen der Nährstoffe ins Grundwasser verhindert. Für eine Speicherschicht wird entweder zwischen Tragschicht und Baugrund zusätzlich ein Oberboden eingebaut oder der Baugrund wird durch Einbringen von Sand verbessert. Auf eine gute Verzahnung mit dem Baugrund ist in jedem Fall zu achten.

Dränschicht

Hierbei handelt es sich um eine abgewandelte Form der bodennahen Bauweise, in Form von zwei verschiedenen Schichten, einer Trag- und einer Dränschicht. Dies wird erforderlich, wenn der Grundwasserspiegel der Fläche sehr hoch ist und ein Vollsaugen der Tragschicht durch Kapillarwirkung von unten verhindert werden soll.

Neue Zukunft für den Naturrasen

Dank neuer Systemtechnik könnte in Zukunft wieder verstärkt Naturrasen eingesetzt werden. Bereits bestehende Rasenfelder werden heute überwiegend saniert. Auf jeden Fall ist bei der Behandlung von Naturrasen die Fachkenntnis eines Rasenspezialisten unerlässlich.

Schon seit Längerem wird auf Fußballplätzen das künstliche „Vernähen" (Armieren) des Rasens mit synthetischen Fasern erfolgreich praktiziert. Versuche haben gezeigt, dass sich diese Methode zugunsten einer verbesserten Scherfestigkeit und schnelleren Regenerierbarkeit auch auf Pferdesportplätze übertragen lässt.

Ließe sich mit der Verbindung Naturrasen/Kunstfasern die

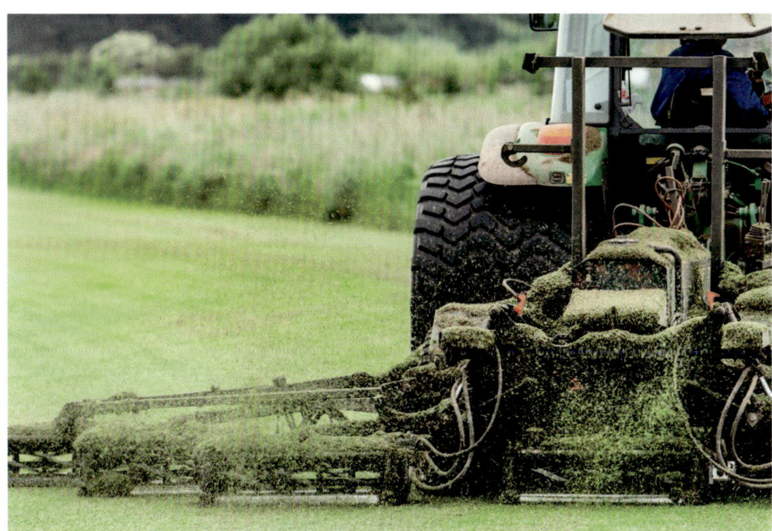

Damit die Rasendecke stabil und dicht wächst, hilft neben dem richtigen Bewässern und Düngen der regelmäßige Schnitt.

Reparaturanfälligkeit eines Platzes reduzieren und seine Regenerierung optimieren, wäre das ein wichtiger Schritt hin zu mehr Natürlichkeit beim Boden und bei Pferdesportereignissen und positiv für den Gesamteindruck. So kann der Naturrasen zumindest für Turnierplätze, etwa für Springen, Polo und Vielseitigkeit wieder an Bedeutung gewinnen.

Rasen-Tipps

Denken Sie daran, ein Rasen lebt, deshalb

- Bewässern – länger und nicht so oft. Die Wurzeln sollen in tiefere, noch feuchte Zonen wachsen. Dadurch werden sie widerstandsfähiger und der Rasen wird scherfester. Vorzugsweise nachts oder abends bewässern.
- Regelmäßiges Mähen ergibt eine dichtere Rasendecke. Aufwuchshöhe im Schnitt circa 10 cm. Nicht zu kurz abmähen, maximal auf 5 cm Höhe.
- Düngen nicht vergessen.

6 Material und Maschinen für den Bau

Für alle verschiedenen Systeme, die sich im Reitplatzbau entwickelt haben, gilt: Je nach Reitsportdisziplin muss das richtige Material auswählt und im Schichtaufbau miteinander kombiniert werden. Auch für den Reitplatzbau gibt es immer mehr Kunststoff-Bauelemente und Hilfsstoffe, wie Gitterplatten, Matten, synthetische Stabilisatoren, neue Drainage- und Bewässerungssysteme.

Durch all dies geht der Aufbau von Außenplätzen technisch zwar leichter vonstatten, doch durch das verwirrend große Angebot an Spezialbaustoffen ist die Materialauswahl schwieriger geworden. Auch dürfen bautechnische Standards und Grundlagen nicht außer Acht gelassen werden.

Am Anfang eines Aufbaus steht immer die fachgerechte Entwässerung, weil sie später die störungsfreie Nutzung des Reitplatzes garantiert. Die Drainage kann nur so gut sein wie der darüber liegende Gesamtaufbau und dessen Materialbeschaffenheit.

Speziell konstruierte lasergesteuerte Baumaschinen verbessern und erleichtern den Einbau der Schichten des Reitplatzbodens um ein Vielfaches.

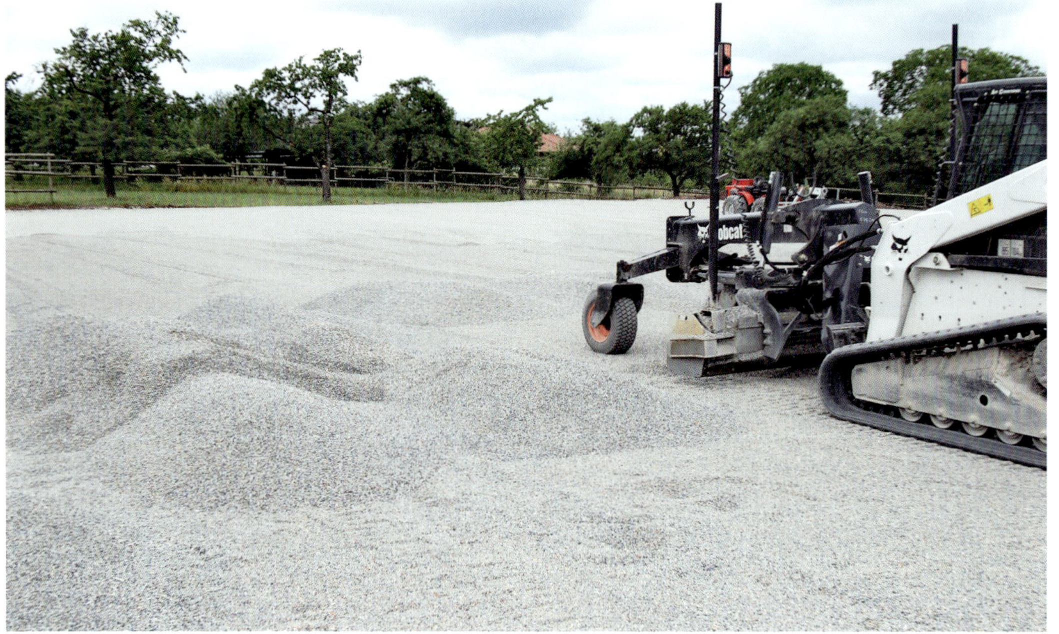

Innovative Baumaschinen

Der Einsatz von lasergesteuerter Baumaschinen wie Kleinraupen und Kompaktlader führte beim Einbau der Schichten zu einem deutlichen Innovationsschub. Mit dem Lasergrader zum Beispiel kann auf genau festgelegtem Niveau gearbeitet werden, vom Planieren des Baugrundes angefangen, bis zum höhengenauen Einbau der Tretschicht. Solchermaßen angelegte Plätze lassen sich später jederzeit auf exakt bestimmtem Niveau nachfüllen oder auf andere Weise nacharbeiten.

Die Kosten der modernen Spezialmaschinen halten einem Preisvergleich mit den Aufwendungen für die herkömmliche Bauweise stand. Bei mangelhafter Ausführung der Arbeiten hat bei regulärer Auftragsvergabe der Bauherr Anspruch auf Schadensersatz.

Die Tragschicht

Die Bezeichnung deutet es an: Bei dieser Schicht geht es um das Tragen der darüber liegenden Schichten. Die Tragschicht selbst liegt auf dem planierten Unterbau und der Drainage und dient als Unterlage für die Trennschicht, die dann wiederum die Tretschicht trägt. Die Regelschichthöhe der Tragschicht beträgt, im verdichteten Zustand, circa 25 cm.

Die Tragschicht wird aus einer flächigen Lage aus gebrochenem Mineralgemisch gebildet, das heißt Schotter in der Körnung von 2–32/45 mm.

- In der Schottermischung wird von sogenannten Null- oder Feinanteilen abgeraten, weil die mangelhafte Wasserdurchlässigkeit dieses Materials zu Problemen führen kann.
- Splittmaterial ist wegen des engen und zu feinen Kornaufbaus (größtes Korn bis 11 mm) als Tragschicht nicht geeignet. Die Verzahnung mit gröberem Material würde fehlen und in der Folge könnte sich die Schicht verschieben.
- Gleichkörniges Kies oder gar Rundkies kommen nicht in Frage, weil sie zur Instabilität der Schicht führen, also ihre Standfestigkeit verringern.

Als Tragschicht wird Schotter auf den Unterbau des Reitplatzes aufgebracht.

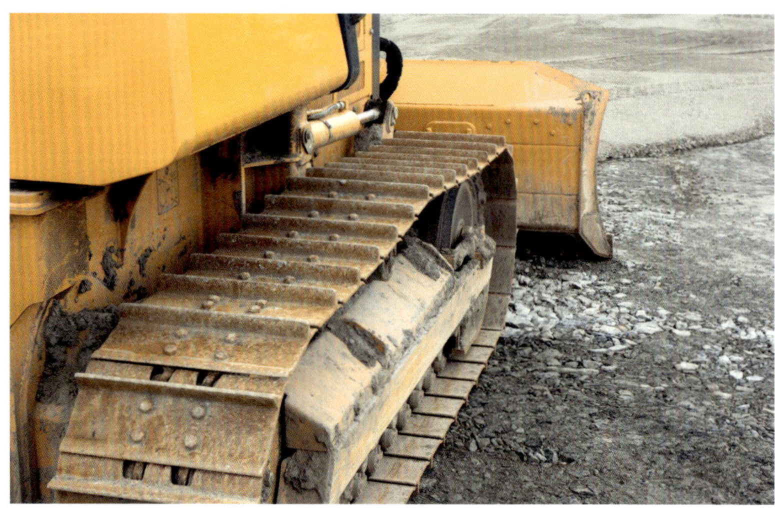

Berechnungsbeispiel für die notwendige Schottermenge

Maße des Reitplatzes 60 x 20 m Reitplatz, mit einem Zuschlag von 1 m je Seite. Schottermaterial wird gerechnet mit Faktor 1,8 m das heißt, 1 m^3 loses Material entsprechen 1,8 t an Gewicht.

Grundfläche der Tragschicht	62 x 22 m = 1364 m^2
Dicke der Tragschicht	0,25 m
Dies entspricht einem Volumen von	1364 x 0,25 = 341 m^3
Gesamtbedarf an Schottermaterial	341 x 1,8 = 613,8 t

Verdichtung

Eine mechanische Verdichtung der Tragschicht erfolgt je nach der Art der darüber liegenden Trennschicht vor oder nach ihrem Aufbau. Werden als Trennschicht Matten oder Gitter verwendet, muss vor dem Aufbau verdichtet werden. Eine lose Trennschicht beispielsweise aus Lavamaterial oder Splitt sollte mit der Tragschicht zusammen verdichtet werden, damit die notwendigen Verzahnung der Materialien erreicht wird.

Die Trennschicht

Die Trennschicht soll Trag- und Tretschicht sicher und scherfest voneinander trennen und dient zugleich als Feinausgleich und Puffer zwischen den beiden Schichten. Hier steht bewusst das Wort „soll trennen“, denn oft wird diese Schicht nicht immer ihrer wichtigsten Aufgabe gerecht und führt dadurch zu Problemen bei vielen Reitplätzen.

Scherfestigkeit

Trennen und Entwässern stellen völlig gegensätzliche Anforderungen an die Stabilität des Schichtenaufbaus:

- Bei einer Trennschicht aus sauberem und daher relativ unstabilem Material und einer losen Tretschicht können sich die beiden Schichten miteinander vermischen und verschieben.
- Bei einer feinkörnigen Trennschicht und einer lehmhaltigen Tretschicht und besteht die Gefahr der Verdichtung und damit einhergehend, der Wasserundurchlässigkeit.
- Western-Reitplätze benötigen eine hoch scherfeste Trennschichtoberfläche. Sie ist in der Regel nicht wasserdurchlässig, weil dafür spezielle Sandgemische mit Lehmanteil verwendet werden müssen. In den meisten Fällen wird dann die Platzfläche horizontal entwässert.

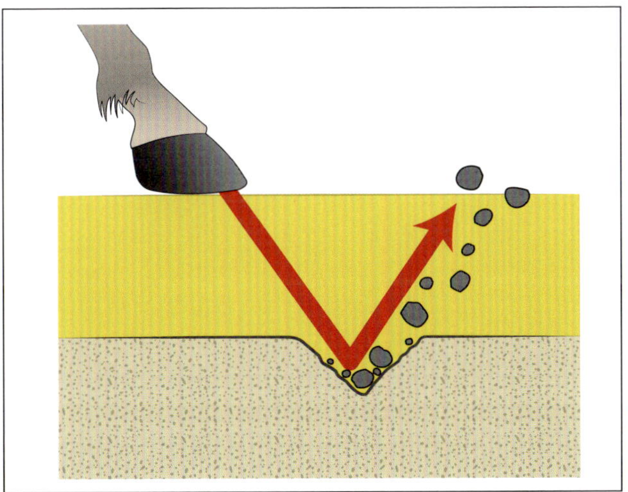

Schlechte Trennschicht oder Schotter ohne Trennschicht. Die Scherkraft zerstört die Schotteroberfläche und durch die Tretschicht hindurch kommen Steine nach oben.

Trennschichtmaterialien

Die Herausforderung der gegensätzlichen Aufgaben Trennen und Entwässern ließ die Fachwelt früh nach Lösungen suchen. Verschiedenen Herstellern entwickelten Gitterplatten, die, mit Splitt oder Lava verfüllt und verdichtet, eine scherfeste Schichtoberfläche bilden. Ebenso erhältlich sind vollflächige, mit Löchern oder Schlitzen versehene Matten.

Weist die obenliegende Tretschicht Feinanteile auf, etwa Lehm, Kalk oder auch feine organische Substanzen, dann verstopfen die Durchgänge allmählich und der Platz kann sich nicht mehr entwässern. In diesem Fall ist es zu empfehlen, dem Splittmaterial, das zum Einfüllen in die Gitter oder Matten verwendet wird, einen Anteil feines Gummigranulat (circa 20 %) beizumischen. Dieses knautschige Material verhindert das Zusammenbacken, die Verhärtung der Splittpartikel und somit ein komplettes Verdichten der Schicht.

Auf diesem Platz werden Matten als Trennschicht verbaut.

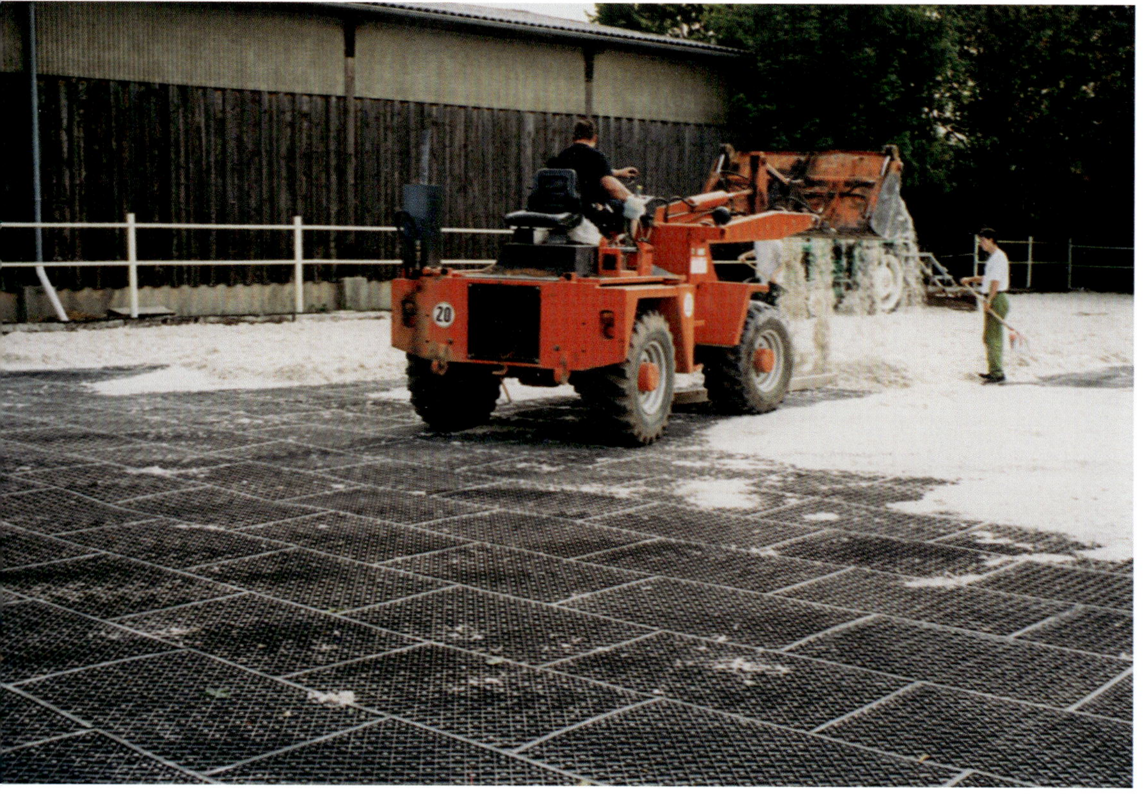

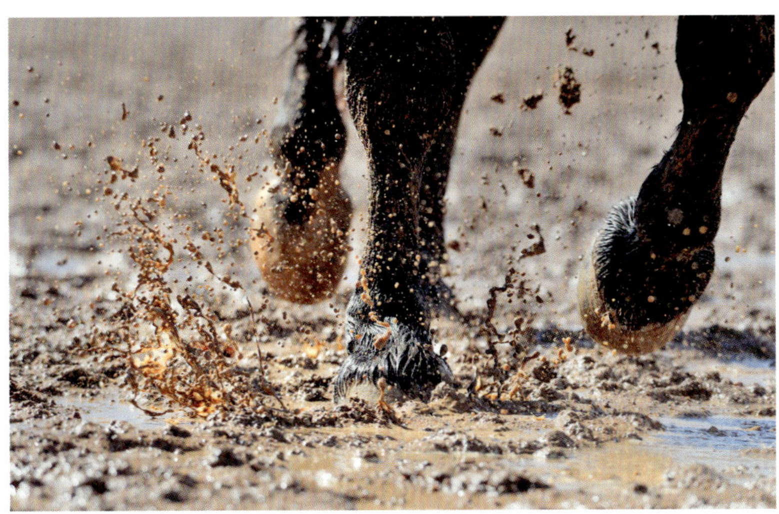

Mit Matten oder lava- beziehungsweise splittgefüllten Gitterplatten als Trennschicht lässt sich das Problem der Scherfestigkeit gut lösen, nicht aber das einer dauerhaften Wasserdurchlässigkeit.

Gewebematten

Auf nicht zu stark frequentierten Plätzen hat sich die Gewebematte bewährt. Schon in den 1980er Jahren wurden Trennvliese als einfachste Form zur Trennung der Schichten verwendet. Doch bei der damals üblichen Beschaffenheit der Tretschicht, es gab nur Sand oder eventuell Sand-Holzhäcksel-Gemische, war diese Kombination sehr störanfällig.

Das Vlies dehnt sich bei Punktbelastung durch die Hufe und arbeitet sich nach oben in die Tretschicht hinein. Dann

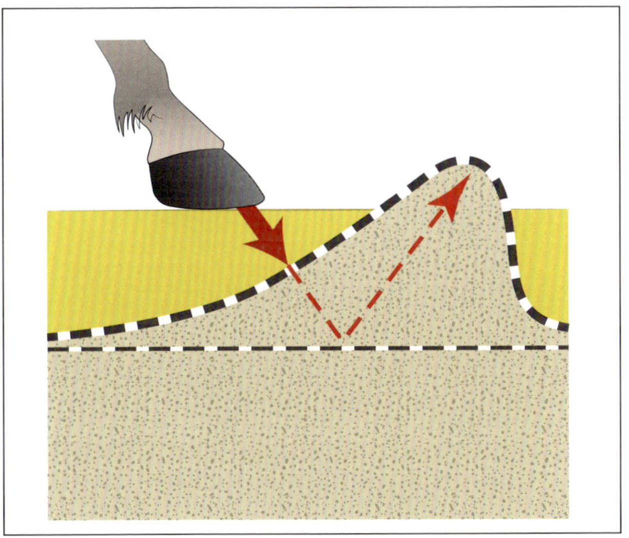

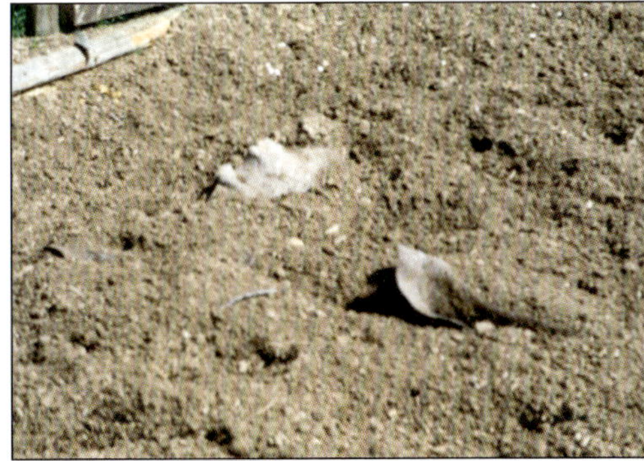

Tragschicht aus Schotter mit Trennvlies. Durch die Scherkraft schiebt sich das Vlies nach oben. Es bilden sich Falten.

Erst durch Gewebematten aus sogenanntem Bändchengewebe, in Kombination mit der neuen Sand-Vlies-Tretschicht, erweist sich die Bauweise als gute und preisgünstige Lösung für Dressur- und Fahrplätze und bedingt auch für Springplätze.

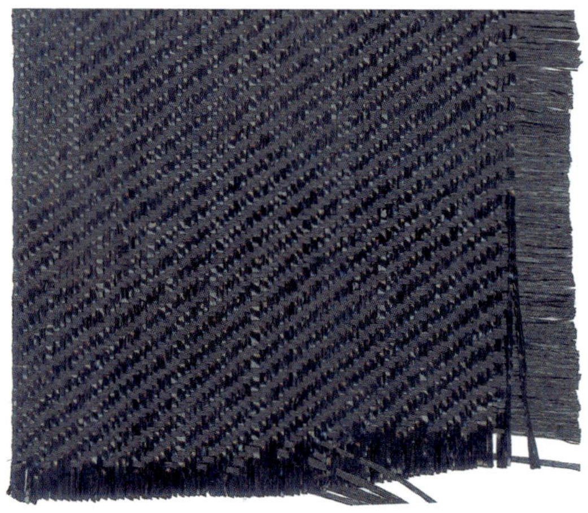

besteht Unfallgefahr, weil die Pferde mit den Hufen darin hängenbleiben können. Außerdem setzt sich über die Jahre das Vlies durch Abrieb und Schmutz zu, und das Versickern von Wasser in die Tragschicht wird erschwert.

Gewebematten haben sich in Kombination mit einer scherfesten Tretschicht als günstige Alternative für eine Trennschicht erwiesen. Wichtig dabei ist, dass die einzelnen Bahnen der Matte miteinander vernäht werden und so eine in der Fläche geschlossene Trennschicht entsteht,

Naturlava

Eine weitere Trennmöglichkeit ist feinkörniger Vulkanlava (0-8 mm). Diese Variante setzt eine scherfeste und trittstabile Tretschicht (Quarzsand-Synthetik) voraus. Die feinen Quarzkörnchen dringen etwas in die poröse Trennschicht ein und stabilisieren sie zusätzlich, ohne die Wasserdurchlässigkeit zu behindern.

Lava als wasserdurchlässiges und zugleich aufpralldämpfendes Naturprodukt wird in einer Schichtstärke von maximal 5 cm auf die noch unverdichtete **Schottertragschicht** aufgebaut. Anschließend werden beide Schichten zusammen verdichtet.

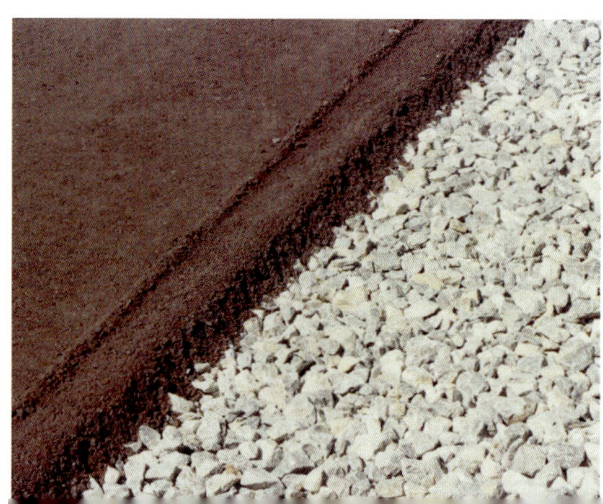

Bitumen-Emulsion

Im 2-Schicht-Aufbau kennt man außerdem die Verfestigung der Tragschichtoberfläche durch Aufspritzen einer Bitumen-Emulsion (circa 5 kg pro m^2). Diese verklebt das etwas gröbere Tragschichtgemisch flächig in den oberen 3 bis 5 cm. Durch das in diesem Fall etwas grober gewählte Tragschichtgemisch (8–45 mm) entstehen Hohlräume für den Wasserabfluss.

Für Western-Reitplätze ist diese Art der Befestigung eine gute Lösung. Allerdings sollte dem Platz vorab ein etwas stärkeres Gefälle gegeben werden, und zwar bis circa 2 %.

Gut zu wissen

Falls die Bitumenschicht verstopft, bleibt zur Behebung des Problems nur die Oberflächenentwässerung oder das Aufschneiden der Schicht quer zum Gefälle.

Recycelter Straßenasphalt

Bei der Sanierung von Straßenbelägen anfallendes Fräsgut eignet sich ebenfalls als Trennschicht für weniger stark beanspruchte Reitböden. Dieses Material in der Korngröße 0 bis 22 mm sollte circa 3 bis 5 cm stark auf die Tragschicht aufgebracht und mit dieser gemeinsam verdichtet werden. Achten Sie dabei auf zertifizierte, schadstofffreie Ware.

7 Die Tretschicht

Ein gutes Beispiel einer Allround-Tretschicht ist der Belag des jährlich stattfindenden internationalen Turniers „German Masters“ in Stuttgart. Dort finden die drei klassischen Disziplinen Springen, Dressur und Fahren auf demselben Boden statt. Und alle Akteure sprechen dem Boden höchstes Lob aus.

Was eine gute Tretschicht ist, wird kein Reiter oder Bodenfachmann mit letzter Konsequenz sagen können. Zu vielfältig sind die Ansprüche und Meinungen darüber. Unterschiedlichste Ansichten, wie zum Beispiel „zu tief“, „zu weich“, „zu hart und stumpf“ oder „zu scharf“, machen es dem Bauherrn schwer, sich für die richtige Bauweise zu entscheiden.

Es gibt nicht die „richtige Tretschicht“, aber es gibt die für den jeweiligen Anspruch richtige Tretschicht. Mehr noch, es gibt heute Tretschichten, die sehr wohl für den Allround-Betrieb geeignet sind, also für die klassischen Reitdisziplinen einschließlich Fahren und teilweise auch für Western-Disziplinen.

Die Bedeutung der Tretschicht berührt auch die Themenfelder der Pferdegesundheit und Wirtschaftlichkeit. Schließlich ist der Belag das tägliche Arbeitsfeld der Pferde und damit Grundlage einer kontinuierlichen und zufriedenstellenden Zusammenarbeit zwischen Mensch und Tier und zwischen dem Betreiber der

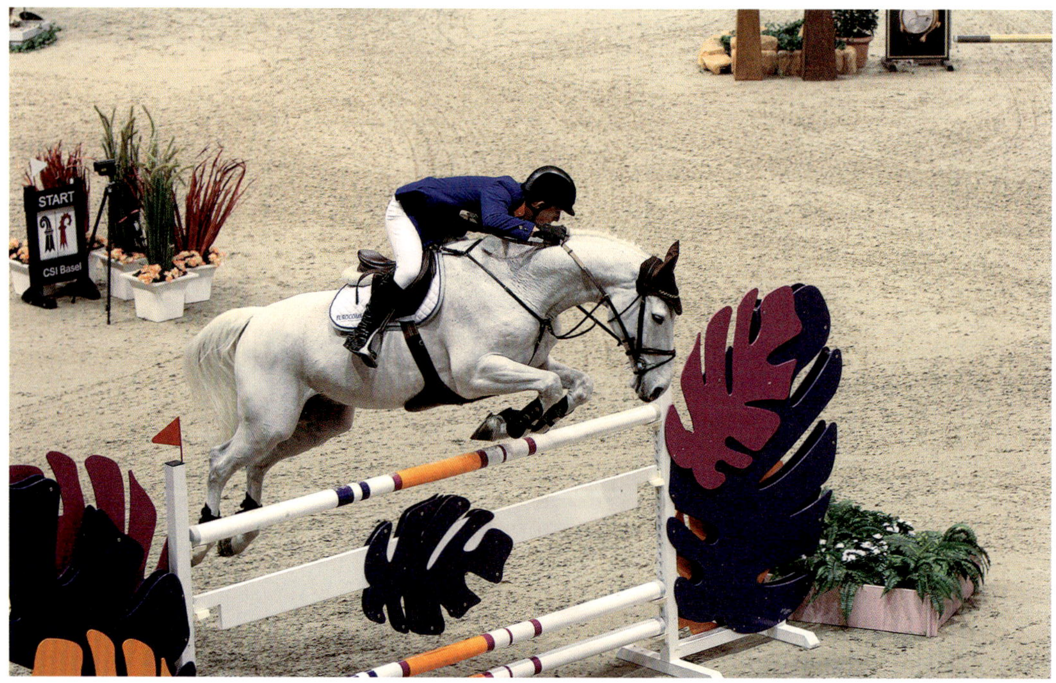

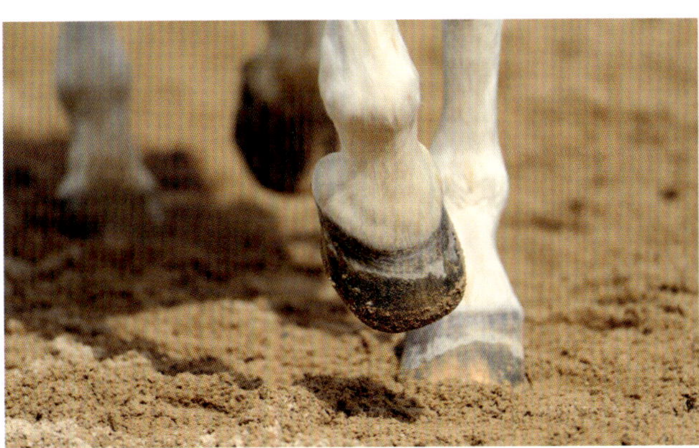

Mit der Auswahl des richtigen Sandes steht und fällt die Qualität und Reiteigenschaft des Belages.

Reitanlage und den Reitern. Dies gilt für sämtliche Bereiche, egal ob Reitschulen, Turniersport oder Freizeitreiter.

Trotz der Erkenntnisse über die Anforderungen an einen guten Reitboden gibt es noch viele Reitplätze, die in dieser Hinsicht qualitativ unzureichend sind. Die Ursachen liegen dann meist in der Beschaffenheit des verwendeten Materials und in der falschen Materialkombination.

Sand als Grundlage

Mit Ausnahme der wenig verbreiteten organischen Holzhäcksel-Böden oder die rein synthetischen Beläge wie Synthetik-Teppichschnitzel (Siehe Seite 52) bildet Sand den zentralen Anteil fast aller Tretschicht-Gemischvarianten.

Aber Sand ist nicht gleich Sand. Obwohl vom Ursprung her ein natürlich vorkommendes unverfestigtes Sediment, setzt er sich aus einzelnen Körnern mit Korngrößen von 0,063 bis etwa 2 mm zusammen. Qualität und Reiteigenschaft eines Belages stehen im direkten Zusammenhang mit der Auswahl des richtigen Sandes.

Fakten über Sand, die in der Praxis wichtig sind

- *die Kornform und Härte des Sandes*
- *die Korngrößen und ihre Abstufung (Sieblinie)*
- *die chemische Zusammensetzung des Sandes*

Grundsätzlich sollten nur Natursande, meist rund bis kubisch geformte Körner, niemals aber gemahlenes Material (Brechsand) verwendet werden. Brechsand ist kantig, bildet eine harte Oberfläche und neigt zur Verdichtung.

Es gibt zwei Arten von Natursand, die sich in ihrer Entstehungsgeschichte und Vorkommen voneinander unterscheiden. Der weichere Flusssand enthält neben anderen Mineralien einen Anteil an Quarz und zerreibt sich bei der Nutzung. Quarzsand ist im Korn härter und hält den hohen Belastungen durch den Pferdehuf stand.

Falscher Sand führt durch zu hohe Suffosion zu Bodenhorizonten.
Links und Mitte: Horizontbildung: Feine Schluffteile sinken nach unten und verhindern den Wasserabfluss in die Tragschicht.
Rechts: Bei Quarzsand keine Sperre/kein Schluffanteil, Wasser sickert ungehindert durch.

Flusssand

Flusssande sind sogenannte Schwemmsande, die wie das gröbere Kies durch den Transport und die Verschiebung im Gletscher und später im Flusswasser abgeschliffen, gerundet und schließlich abgelagert wurden.

Der Nachteil dieses Materials im Vergleich zum „reiferen" und reinen Quarzkorn besteht in der geringeren Härte und Abriebfestigkeit. Flusssande enthalten auch im gewaschenen Zustand ca. 8 bis 10 % abschlämmbare Anteile unter 0,063 mm Korngröße, die sich durch das ständige Mahlen und Bewegen durch die Pferdehufe in der Tretschicht weiter abreiben.

Dadurch entsteht ein zunehmender Feinanteil in der Tretschicht, der sich nach unten absetzt, Suffosion genannt, was in der Schicht zu Verdichtung und Wasserundurchlässigkeit

Falscher Sand führt durch hohe Suffosion zu schädlichen Bodenhorizonten

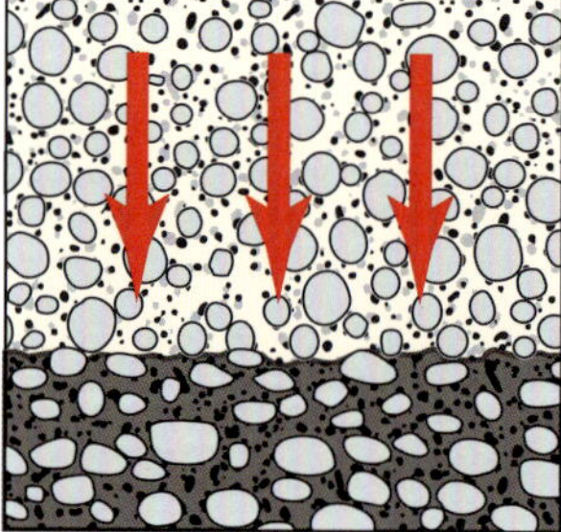

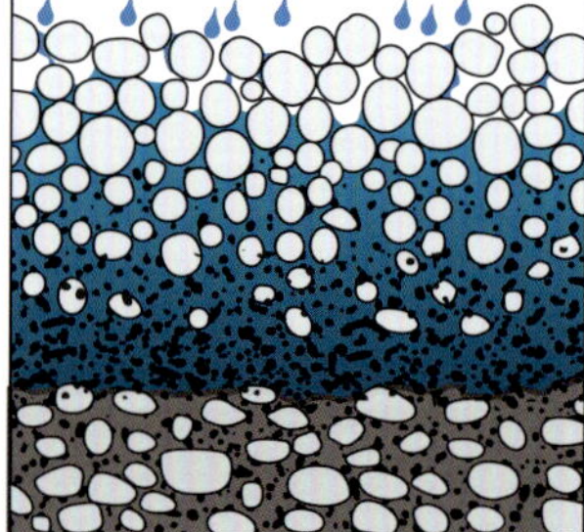

Feine Schluffteile sinken nach unten und verhindern den Wasserabfluss in die Tragschicht (Horizontbildung).

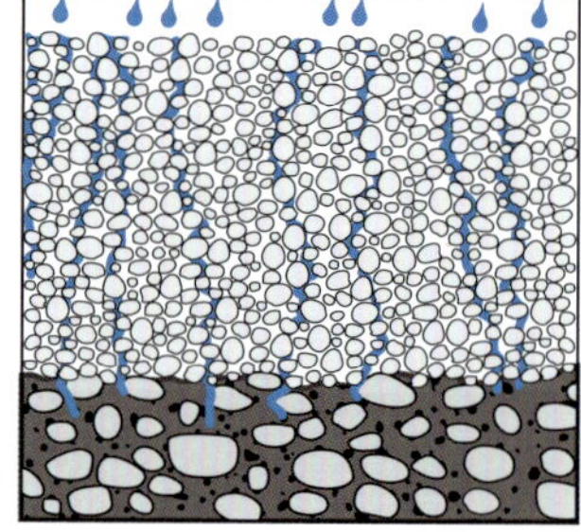

Bei Quarzsand keine Sperre, kein Schluffanteil. Wasser sickert ungehindert durch.

führt. Man spricht dann von der sogenannten, für die Funktionsfähigkeit des Platzes schädlichen „Horizontbildung“, das heißt Feinteile setzen sich im unteren Bereich der Tretschicht ab und führen zu Verdichtungen, die die Entwässerung verhindern.

Quarzsand

Reiner Quarzsand ist ein durch seine Jahrmillionen lange Wanderung und Umschichtung immer mehr abgeriebenes Mineral. Nur der harte Kern, besteht aus nahezu reinem, das heißt 90 bis teilweise 98 % Siliziumdioxid (SiO_2). Quarzsand besitzt die sehr hohe Mohs-Härte 7 und wird auch als Schleifmittel beispielsweise für Glas und vieles andere verwendet.

Chemische Analyse von Quarzsand

Verbindung	Anteil in %
SiO_2 – Siliziumdioxid	97,94
Al_2O_3 – Aluminiumoxid	0,75
Fe_2O_3 – Eisen(III)oxid	0,10
CaO – Calciumoxid	0,04
Na_2O –Natriumoxid	0,05
K_2O – Kaliumoxid	0,55
(RFA nach DIN 51001)	

Analysewerte von Quarzsand.

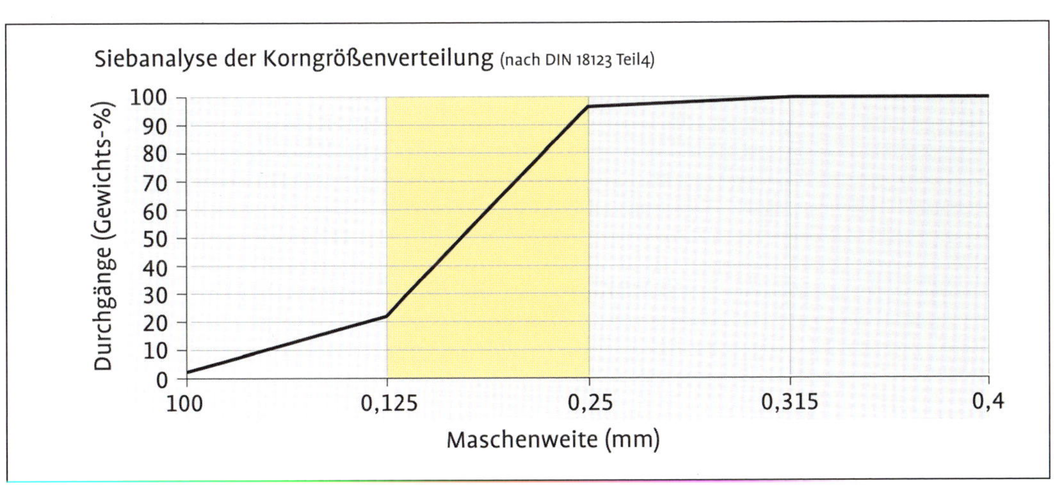

Korngrößenverteilung von Quarzsand 0,06–0,3 mm, lagerfeucht		
Prüfsiebgröße mm	Durchgang Gewicht-%	Summe der Durchgänge Gewicht-%
0,063	1,00	1,00
0,125	11,90	12,90
0,250	78,00	90,90
0,315	7,90	98,80
0,400	1,20	100,00

In der Quarzsand-Tretschicht garantieren bei minimalem Kalkanteil der von Natur aus sehr niedrige Anteil an abschlämmbarem Feinmaterial, ein spezieller Waschvorgang, Hydroklassierung genannt, und die hohe Abriebfestigkeit des Quarzsandes oder einer quarzsandhaltigen Mischung eine fast völlige Staubfreiheit. Vor allem aber besitzt die Tretschicht dann eine langfristige Durchlässigkeit des Wassers bis hinunter in die Trennschicht. Fachlich ausgedrückt spricht man auch von geringer Neigung oder Gefahr einer Horizontbildung des Sandes. Die für Tretschichten verwendeten Quarzsande sollten aus abgestuften Korngrößen von 0,063 bis 0,4 mm bestehen. Die Verwendung von gröberem Korn führt zu geringerer Stabilität und Scherfestigkeit der Schicht. Je feiner das Korn, desto stabiler wird die Tretschicht.

Physikalische Daten von von Quarzsand 0,06–0,3 mm, lagerfeucht		
Schüttdichte	ca. 1,4 kg/m^3	Verhältnis der Masse der Schüttung zum eingenommenen Schüttvolumen
Härte nach Mohs	7	im Vergleich: Siliziumcarbid SiC hat die Mohs-Härte 9,6, das Härteste neben dem Diamant mit Mohs-Härte 10
Glühverlust	ca. 0,2 %	
Feuchtigkeitsgehalt	ca. 5–8 %	
pH-Wert ($CaCl_2$)	6,9	

Kohäsionseigenschaften/Saugspannung

Durch die natürlich vorliegende Feinkörnigkeit, man spricht dabei von einem sogenannten Sieblinienbereich von 0,063 bis 0,4 mm Korngröße, kann der Sand viel Wasser binden. Bei günstigem Feuchtegehalt liegt dieser Sand auch pur, also ohne Beimengungen anderer Komponenten, schon recht gut. Er hat dann eine scheinbare Kohäsion oder Haftfestigkeit.

Die Feinheit und Kornabstufung von Sand wird in der sogenannten Sieblinie gemessen. Die Analyse der Sieblinie bildet die Zusammensetzung der einzelnen Kornfraktionen im Gesamten ab und sie gibt Auskunft über weitere wichtige Fakten wie die Anteile der Grundstoffe, mittleres Korngewicht und mittlere Korngröße.

Der Sand wird zusammengehalten durch die Saugspannung zwischen den einzelnen Körnern, bei sehr feinem Sand stärker als bei grobem. Sobald die Sandkörner oberflächentrocken sind, besitzt der Sand keine Kohäsionseigenschaften mehr, sondern wird nur noch durch seine Reibungskräfte zusammengehalten. Bei Rundkornsanden sind diese relativ gering. Dieselbe Wirkung ergibt sich, wenn die Sandschicht zu nass wird. Dann löst sich die Kohäsion auf und der Sand trägt nicht mehr.

Gut zu wissen
Je gröber der Sand, desto geringer sind Saugspannung beziehungsweise Wasserhaltefähigkeit und Trittstabilität.

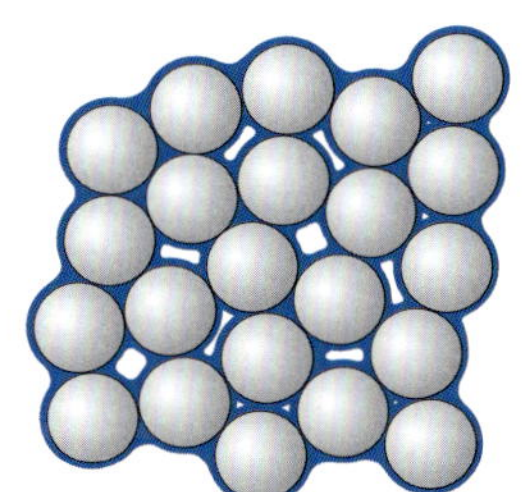

Grobes Korn
Saugspannung ist zu gering gegenüber dem Gewicht der einzelnen Körner
- geringe Bindung von Feuchtigkeit

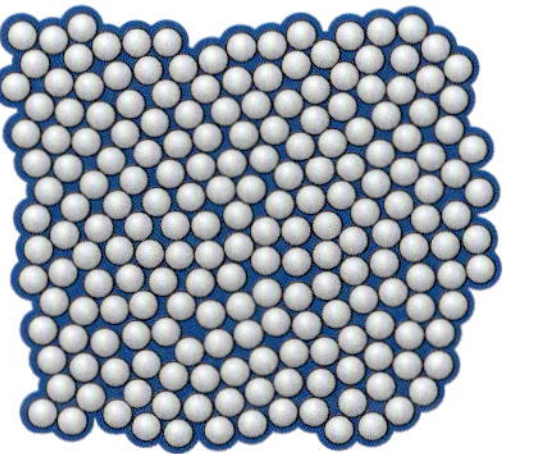

Feines Korn
Saugspannung hält die Körner zusammen, Abstand klein, geringes Korngewicht
- insgesamt hohe Bindung von Feuchtigkeit

Saugspannung von Sand.

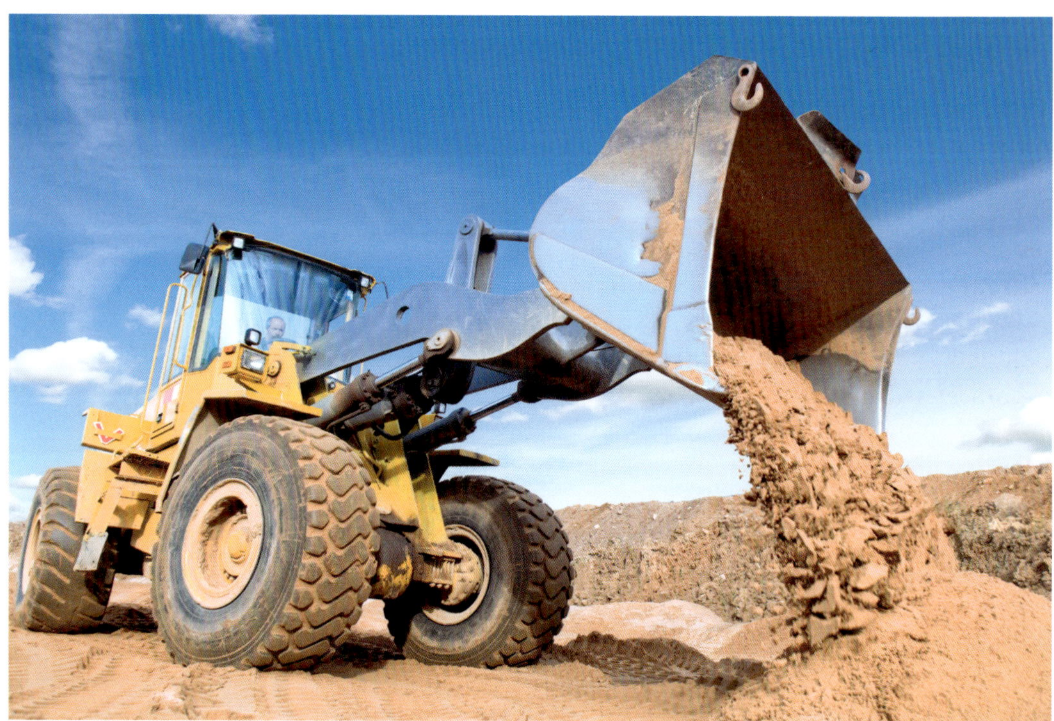

Beim Reitplatzbau zentral wichtig sind die richtige Sandmischung und Korngrößenzusammensetzung für die spätere Qualität des Platzes.

Regeln für die Verwendung

Quarzsand ist im Reitplatzbau heute Standard und in fast jedem sandhaltigen Belag entweder als alleiniges Mineral oder zumindest anteilig, etwa in Western-Tretschichten enthalten. Er ist die Grundlage einer langfristig funktionierenden Allwetter-Tretschichten auf Freiplätzen.

Aber Quarzsand pur ist nicht die Lösung! Es gilt, einige Regeln zu beachten:

- Quarzsand ist vor allem in trockenem Zustand durch seine Rundkörnigkeit zu lose in der Schicht und lässt sich nicht walzen oder verdichten. Um eine gleichmäßig stabile Tretschicht zu schaffen, müssen dem Sand weitere Komponenten, sogenannte Stabilisatoren, beigemischt werden.
- Quarzsand ist vor allem in etwas gröberer Kornstruktur relativ aggressiv gegenüber dem Hufhorn. Der Huf taucht zu tief ein und der grobe Sand hat mehr Reibefläche.
- Quarzsand pur hat auch selbst in der für Reitböden ver-

wendeten Feinheit einen hohen Wasserbedarf, um einigermaßen trittstabil zu bleiben (siehe Seite 28).
- Quarzsand wird nur regional abgebaut und deshalb müssen längere Transportwege und ein entsprechender finanzieller Aufwand in Kauf genommen werden.

Variable Gemischkomponenten

Seit den 1970er/1980er Jahren verbessern Holzhäcksel, also organisches Material zusammen mit den Sand die Tretschicht. Der Mischbelag aus Sand-Holzhäcksel war zunächst relativ trittstabil, elastisch und konnte Feuchtigkeit speichern. Doch es erwies sich als problematisch, dass der Holzanteil mit der Zeit zwangsläufig verrrottet. Vor allem im Freien hatten die Böden eine zu kurze Lebenszeit, und der komplette Austausch des Materials verursachte hohe Kosten und zusätzlichen Arbeitsaufwand. Heute noch weit verbreitet dagegen sind Sand-Holzhäcksel-Gemische in Reithallen.

Inzwischen ist Quarzsand in Verbindung mit Stabilisatoren eine feste Größe im Reitplatzbau. Es muss bei der Verarbeitung aber darauf geachtet werden, die richtigen Gemischzusammensetzungen zu verwenden.

Synthetikmaterial

Wie die Fußball-Kunststoffrasenböden müssen auch Reitplatzböden heute sehr viel höheren Ansprüchen gerecht werden. Voraussetzung für die zunehmende Zahl an Reiterinnen und Reitern und das hohe Niveau der Sportreiterei sind dauerhafte, qualitativ hochwertige Reitböden.

Der Einsatz von Komponenten aus synthetischem Material, bestehend aus kleinformatigen Vlieshäckselstücken und Feinfaser, entpuppte sich als wichtige Weiterentwicklung des Prinzips, auf dem die Sand-Holzhäcksel-Gemische basieren. Vorteilhaft daran ist, dass die synthetischen Stabilisierungskomponenten nicht verrotten und dem Belag eine lang andauernde, gleichbleibend gute Qualität verleihen.

Als Neuerfindung brachte der Verfasser 1990 einen solchen Belag aus synthetischen Zuschlagstoffen zu Quarzsand

Die faserige Oberfläche der einzelnen Vliesteilchen bindet Sand und Feuchtigkeit. Je feiner hierbei das Sandkorn, desto besser die Homogenität der Mischung.

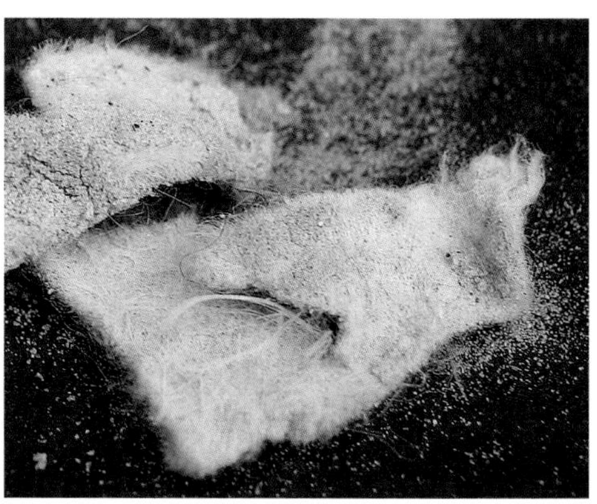

auf den Markt. Die Marke terra-tex® war geboren. Heute ist diese spezielle Mischung als universeller Allwetterboden nicht mehr wegzudenken.

Durch die Verbindung der Vliesanteile mit Quarzsand kompensieren sich die Nachteile des Sandes, der nicht fest wird, mit denen von Vlieshäcksel und Synthetik-Feinfaser, die für sich allein zu leicht und unruhig wären.

Ein weiterer Vorteil: Das mehr oder weniger von Sand ummantelte Synthetikmaterial ist weniger der UV-Strahlung ausgesetzt und damit vor der einhergehenden Versprödung und Auflösung der Materialstruktur geschützt. Es bildet sich weniger Feinstaub.

Was bedeutet eigentlich Vlieshäcksel?

Die Vliesstoffindustrie entwickelte sich in den 1950er Jahren aus der Produktion von Kunstfasern wie Perlon oder Nylon vor allem für die Herstellung von Damenstrümpfen. Als Weiterentwicklung entstand ein flächiges Produkt aus Kunstfasern, genannt Nadelvlies.

Verwertung von Teppich-Restmaterialien

Eine weitere Form der Verwendung von Synthetikmaterial sind Reitbeläge aus grob gehäckselten, rein synthetisch ausgestatteten Restmaterialien von Teppichverbundstoffen. Da dieses Material meist aus zwei bis drei Lagen besteht, besitzen die Häckselstückchen eine gewisse Festigkeit und Rückfederkraft. ein solcher neu aufgebrachter Belag braucht deshalb etwas länger, bis er satt und ruhig liegt. Da das

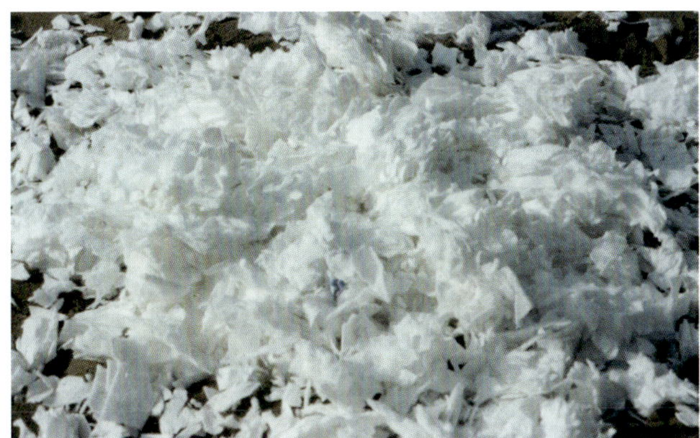

Im Reitplatzbau wird der größte Teil der bei der Vliesproduktion anfallenden Randabschnitte und Stanzabfälle wiederverwertet. Das ist eine nachhaltige Form des Recyclings von Restkunststoffen.

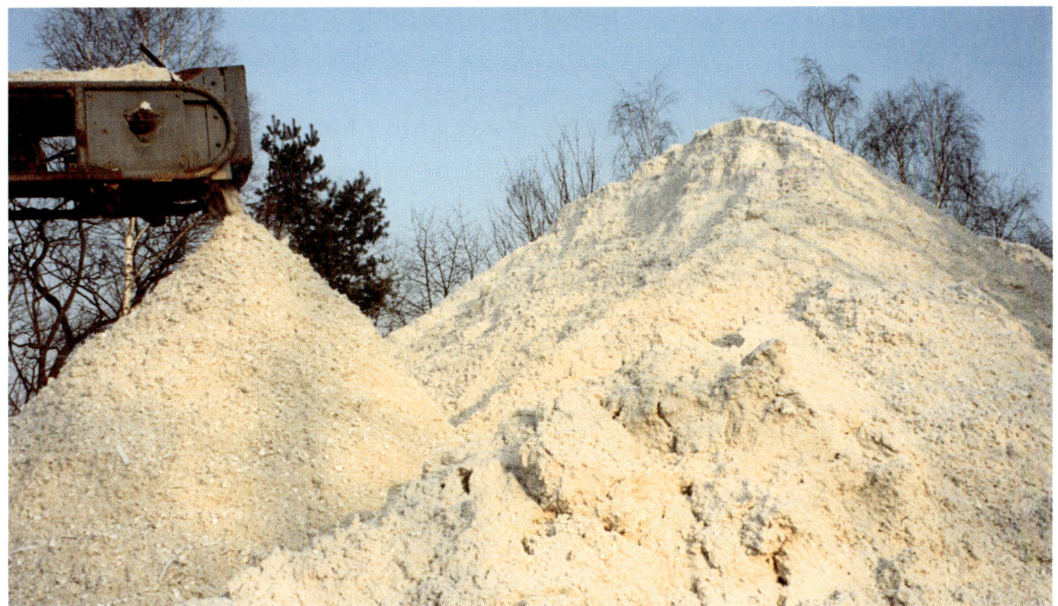

Material wenig Wasser bindet, ist der Belag kaum frostanfällig, das heißt, er kann auch im Winter genutzt werden.

Zu bemerken wäre, dass bei solchen Belägen die Platzoberfläche grob strukturiert ist und sich deshalb der anfallende Pferdemist weniger leicht beseitigen lässt. Außerdem zeigen Erfahrungsberichte von Sportreitern, dass sich der Belag, weil er zu lose bleibt, für den Leistungssport weniger eignet.

Erst die Vermischung der Vlieshäcksel mit Quarzsand ergibt eine homogene Tretschicht von hoher Qualität, Funktionalität und langer Lebensdauer.

Die Vliesherstellung

Vliese sind Flächenbahnen aus Fasern, die sogenannten Wirrgelege. Sie werden durch breite, gegenwirkende Stachelwalzen vernadelt und nicht verwoben. Die Vernadelung des Wirrgeleges ergibt einen äußerst reißfesten und zähen Flächenverbundstoff, der sich, im Gegensatz zu Geweben aus Kette und Schuss, nicht auflösen kann.

Im täglichen Gebrauch finden Vliese aus aller Art von Fasern, ob natürliche wie Baumwolle oder Wolle verschiedener Tiere auf vielfältigste Weise Verwendung, angefangen von Babywindeln über Verbandstoffe und Kleidung bis hin zu Dämmstoffen, Witterungsschutz und anderen Filzprodukten.

Die dem Synthetikvlies beigemischte Feinfaser besteht aus dem Grundmaterial Polypropylen (PP) oder Polyethylen (PE). Diese Kunststoffe sind als Chemie-Endlosfaser der Anfangsstoff für die Vliesherstellung.

Kleine Materialkunde

PE und PP gelten als chemisch beständig, lebensmittelecht und lassen sich sehr gut reinigen. Beide Kunststoffe sind sich sehr ähnlich, PE ist zäher. PP und PE brauchen keine Lösemittel und Weichmacher zur Herstellung. PE zeigt seine besten mechanischen Eigenschaften bis bis 30 °C, verträgt aber auch bis −40 °C. PP hat die besten Eigenschaften bis 40 °C, verträgt aber keine Minus-Temperaturen.

Bei der Entscheidung für Vlieshäcksel als Bestandteil des Reitbodens ist es wichtig, immer darauf zu achten, dass sortenreine und schadstoffarme Materialien verwendet werden. Viele Hersteller lassen ihre Produkte regelmäßig begutachten.

Entsorgung

Der Vorteil des synthetischen Materials für den Reitplatzboden liegt in der Verrottungsresistenz und in der durch die Verarbeitung weitgehenden Unzerstörbarkeit der kleinen Häckselteile von maximal 25 x 25 mm Fläche.

Da es sich zwar um sortenreine, aber nicht verrottbare, thermoplastische Polyamidstoffe handelt, muss die Frage der Entsorgung geklärt werden.

Das mit Sand und Schmutzanteilen behaftete Material liegt bei maximal 10 % des Gesamtgewichts der ursprünglichen Belagmischung. Allgemein verläuft die Weiterbearbeitung so, dass das Synthtikmaterial durch seine überwiegend flächige Form und das weit leichtere Gewicht verglichen mit dem Sand im trockenem Zustand gut durch Siebanlagen getrennt werden kann.

Das ausgesiebte Synthetikhäcksel kann dann thermisch entsorgt oder aber auch gewaschen und wieder zu einfachen Dämmstoffen aufbereitet werden. Stark verschmutzte landwirtschaftliche Folien und Deckvliese werden bereits auf diese Art verarbeitet.

Das Tretschichtgemisch Vlieshäcksel-Feinfaser-Quarzsand

Die Mischung aus kleinen, stückigen Vliesteilchen und Feinfaser mit Quarzsand ergibt eine sofortige und nachhaltige Trittstabilität sowie eine gewisse Dauerelastizität. Als weiteren großen Vorteil binden die Häcksel durch ihre äußere Faserigkeit Feuchtigkeit an sich, speichern sie aber nicht. Auch hier spielt die bereits erwähnte Feinheit des Sandes eine wichtige Rolle.

Das Gemisch ist homogen und dadurch hoch tragfähig und trittstabil. Die Bindigkeit der Mischung hängt stark von der Feinheit des Sandes ab.

Ein guter Rat
Mischen Sie nicht synthetisches Material in schon bestehende oder neue Sand-Holz-Beläge ein. Schon wegen der viel kürzeren Lebensdauer von Holz vertragen sich Holz und Synthetik nicht miteinander. Das synthetische Material würde verschmutzt und müsste ebenfalls entsorgt werden. Und denken Sie immer daran: Gute Reitplätze sind die Visitenkarte Ihrer Reitanlage.

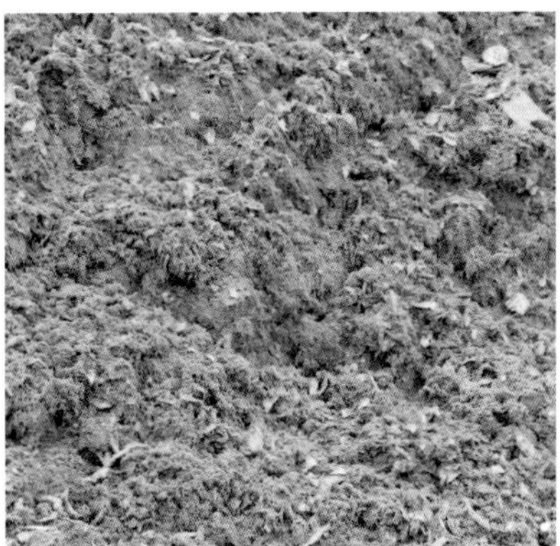

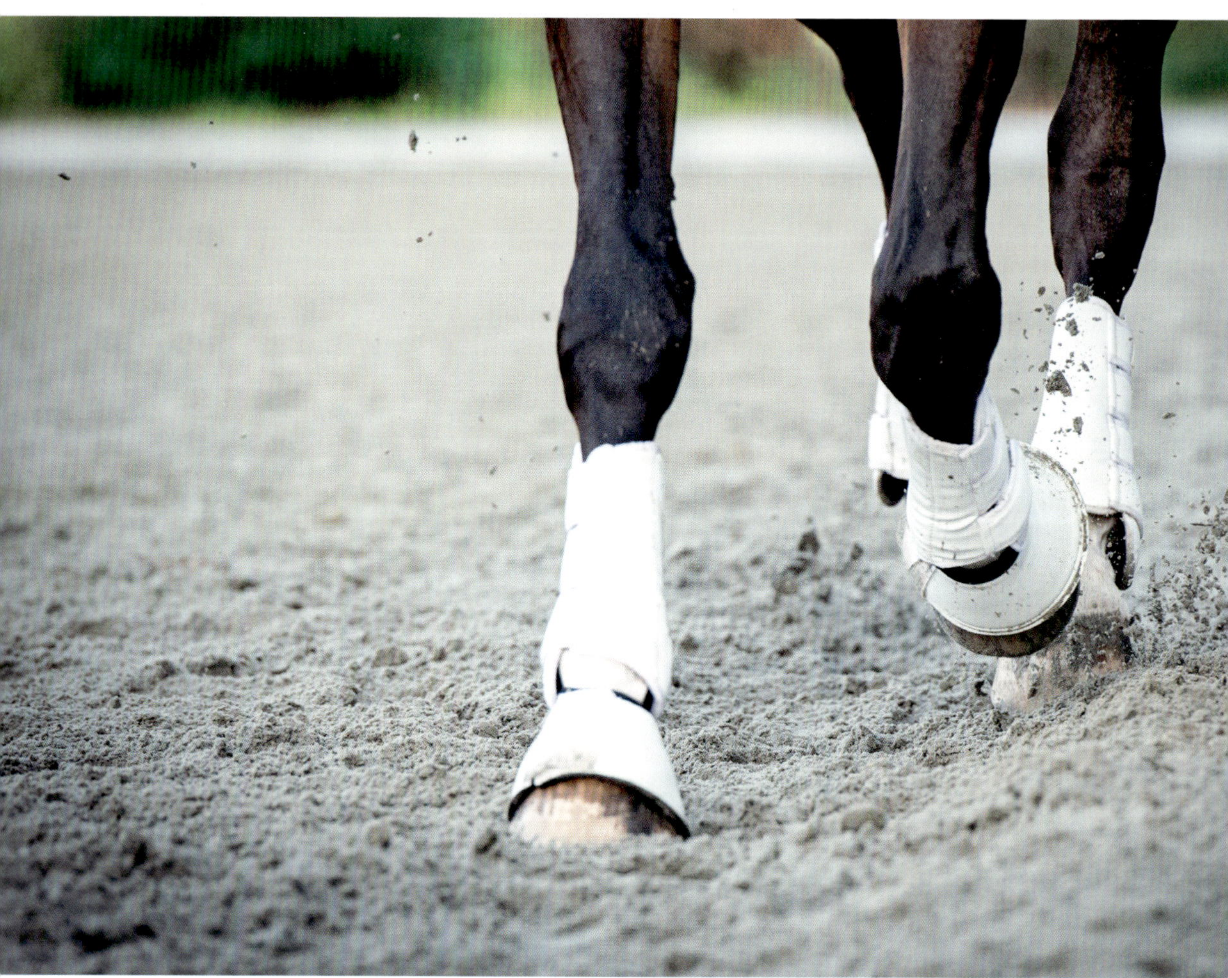

Der ideale Reitboden sollte nicht zu hart aber auch nicht zu tief sein.

Anforderungen an die Nutzung

Im Gegensatz zum organischem Grundmaterial als Komponente wird vom Vlieshäcksel überschüssiges Wasser nicht gebunden und kann ablaufen. Die Mischung klumpt deshalb nicht und bleibt, obwohl äußerlich fest und hoch trittstabil und in sich locker.

Durch den direkten Kontakt mit den Hufen wird der Belag eines Reitplatzes am stärksten strapaziert. Deshalb ist seine Aufgabe, den Gegensatz zwischen Kraftabbau und Energierückgewinnung durch den Pferdehuf ausgleichen. Dies ist nur bei einem gut gepflegten Belag möglich.

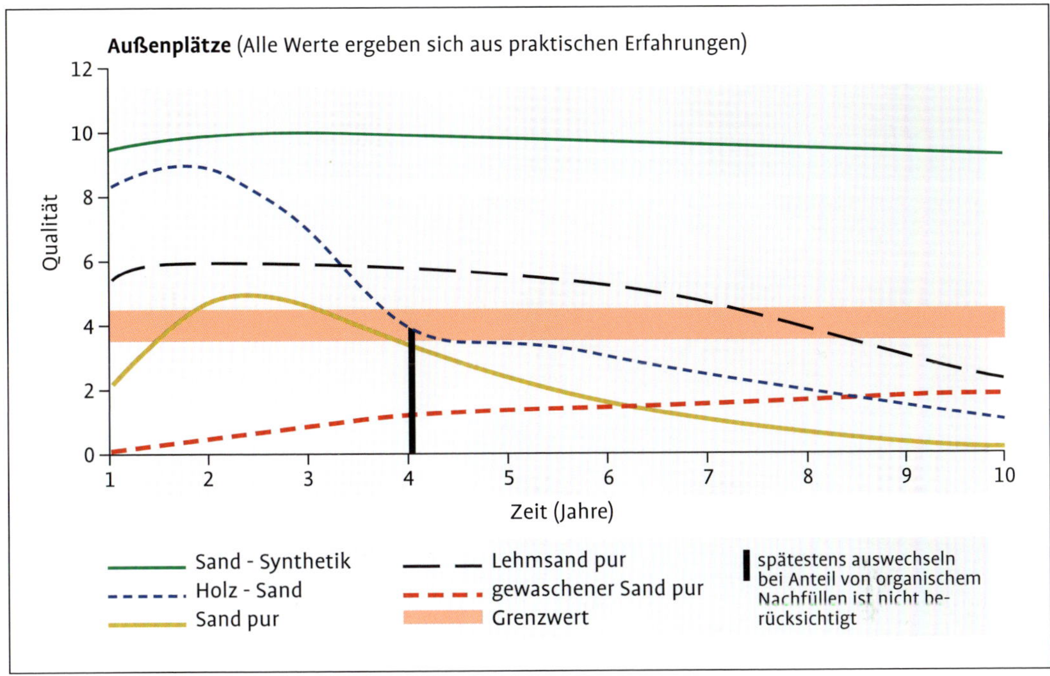

Funktionalität und Lebensdauer verschiedener Tretschichten auf Außenplätzen.

Kosten von Anschaffung, Pflege und Unterhalt

So wie sich ein Naturboden nicht konstant im Idealzustand befindet, entweder er ist zu nass oder zu trocken, so ist auch ein künstlich angelegter Belag nicht immer in der optimalen Verfassung. Allerdings kann dies durch entsprechende Pflege weitgehend geregelt werden.

Gut zu wissen

Es gibt keinen stabilen Ist-Zustand für einen Reitplatzbelag. Verschleiß, Wassergehalt und Pflegezustand sind keine statischen Werte sondern bewegliche, jedoch beeinflussbare Größen.

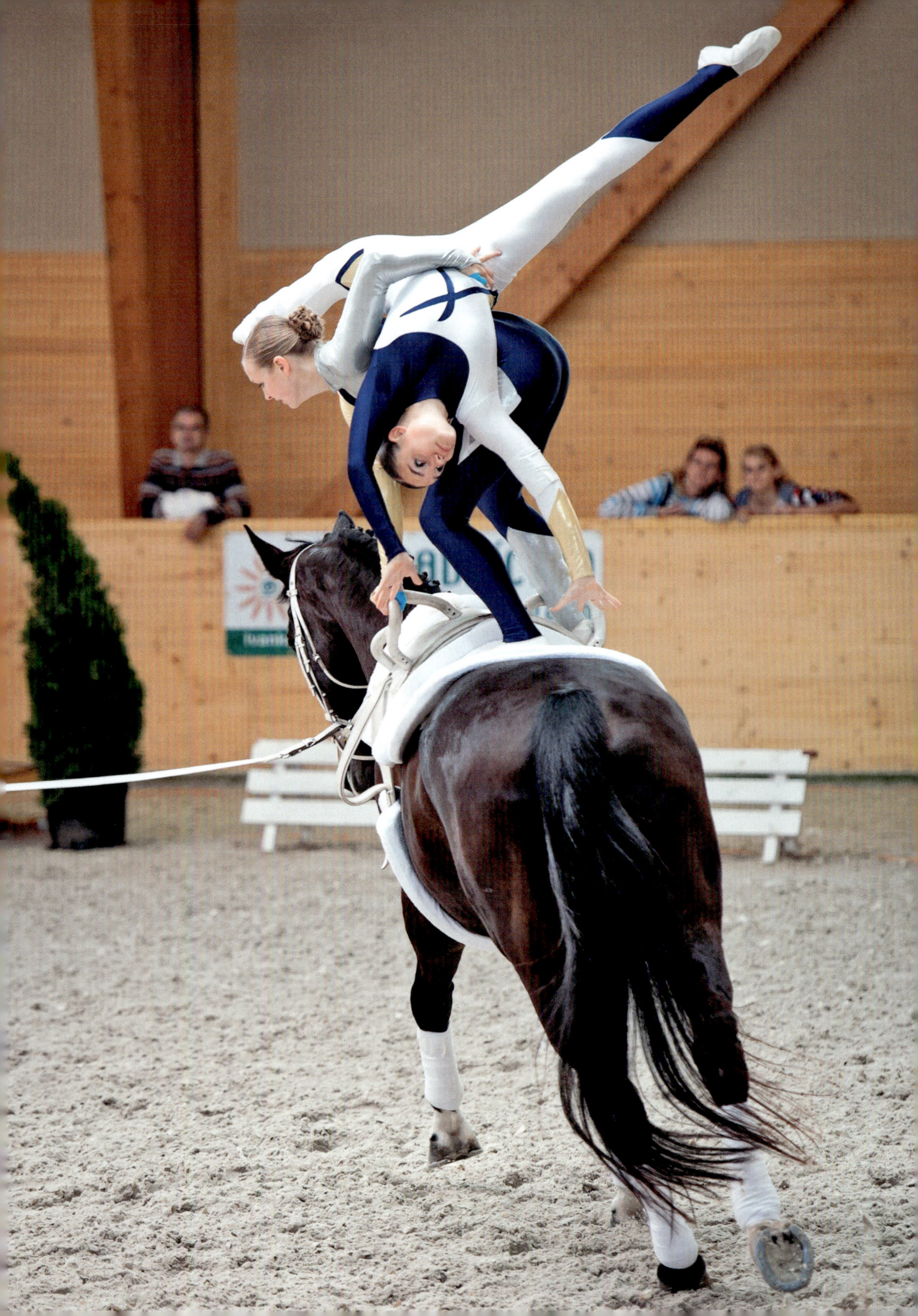

8 Der Reithallenboden

Das Thema Reitböden wäre nicht vollständig behandelt, würde man den Reithallenboden ausklammern. Bei ihm sind im Vergleich zum Außenplatz andere Einflüsse zu berücksichtigen, etwa die Einwirkung von Sonneneinstrahlung und Luft auf den Belag. Häufig ist ein Wandereffekt des Materials von der trockenen Sonnenseite auf die feuchtere Schattenseite zu beobachten. Es bilden sich Wellen, die mit üblichen Bahnpflegegeräten oft nicht mehr ausgeglichen werden können.

Da der Belag in der Reithalle auch nicht wie im Außenbereich versumpfen kann, wird vielfach noch organisches Material wie Holzhäcksel oder Späne verwendet, auch in Verbindung mit Sand. Diese Mischungen sind jedoch nicht sehr lange strukturstabil. Sie werden zerrieben und dadurch wird der Belag schnell stumpf und staubig.

Ein Reithallenböden verhält sich anders als der eines Außenplatzes. Da er nicht jahreszeitlich bedingten Witterungseinflüssen unterliegt.

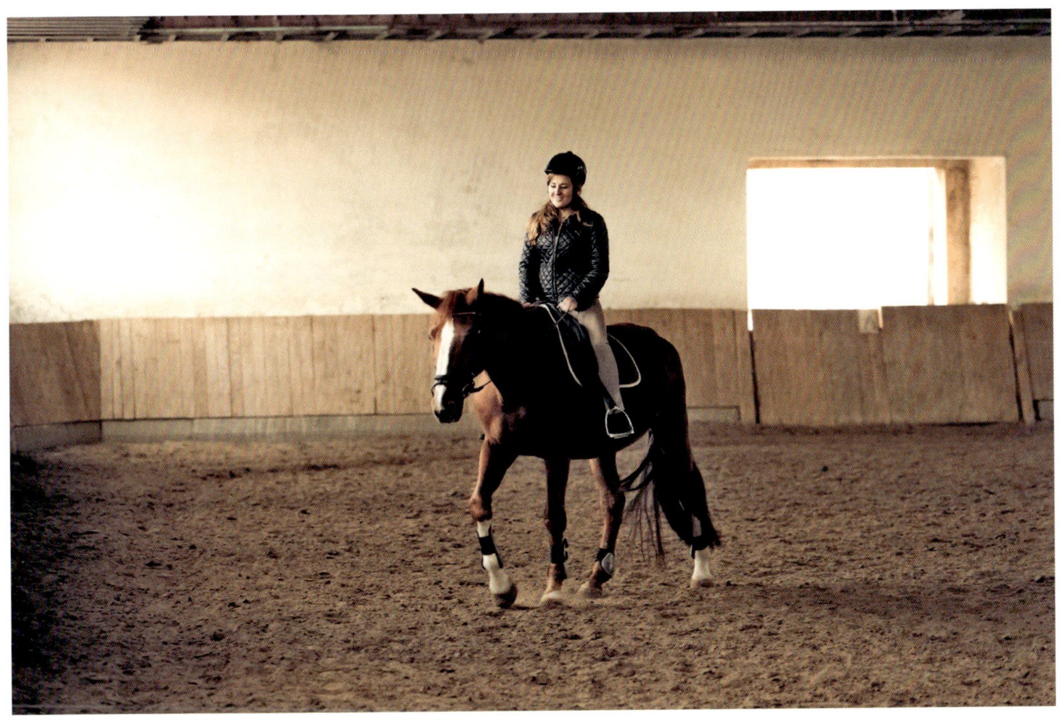

Inakzeptabel sind Beläge, die längst kaputt und tot sind durch einen zu hohen Pferdemistanteil und zu lange Nutzung. Diese Böden sind aus physiologischer und tiergesundheitlicher Sicht Gift für die Pferde, und man fragt sich, warum Pferdebesitzer solche Missstände oft so klaglos hinnehmen.

Vorbereitungen für die neue Tretschicht

Bevor in die Reithalle wieder ein Holzgemisch eingebaut wird, sollte ein Belag mit Holzanteil vorher komplett und sauber ausgebaut werden. Sonst könnten die eventuell noch im verrottenden Restmaterial vorhandenen Bakterien das neue Material befallen.

Ein weiterer Mangel ist der meist nur dürftig vorbereitete Unterbau, häufig aus Naturboden, in den Reithallen. Oft liegt der Belag direkt auf dem fest gewalzten Baugrund. Bestenfalls wurde eine separate Lehmschicht oder Brechsand eingebaut.

Auch beim Hallenboden ist, wie im Freien, der Einbau einer druckstabilen und neutralen Trennschicht dringend zu empfehlen. Warum dieser zusätzliche Aufwand? Erfahrungsgemäß verhärtet sich im Laufe der Zeit der Lehm- oder Naturboden unter der Tretschicht und dann wirkt die Oberfläche in zweifacher Hinsicht wie eine Rutschbahn.

Wenn der Hallenbelag zu trocken ist und deshalb instabil wird, kann er sich mit der harten Oberfläche der Naturbodentragschicht nicht verbinden. Der lose, trockene und auch oft zu dünn bemessene Belag verschiebt sich und bietet keine Trittsicherheit. Die Schichthöhe sollte hierbei mindestens 10, besser 12 cm betragen.

Wird der Belag regelmäßig feucht gehalten, was im Prinzip richtig ist, setzt sich an seiner Unterkante im Übergang zum hart gestampften und wasserundurchlässigen Naturboden Feuchtigkeit ab und verwandelt den Bereich unter der Tretschicht an vielen Stellen in eine glitschige Rutschbahn. Die Pferde reagieren darauf mit Unsicherheit und machen sich fest. Gehen Sie etwa gerne auf schneebedecktem Glatteis?

Auch der Reithallenboden erfordert ein hohes Maß an Aufmerksamkeit in Bezug auf Aufbau, Material und Pflege. Maßgebend dabei sind die korrekte Feuchtigkeitsregulierung und ein „Händchen“ für die Pflege des Belages. Welche Belagsart für seinen Betrieb die wirtschaftlichste und zugleich kundenfreundlichste ist, wird jeder Betriebsleiter für sich entscheiden müssen.

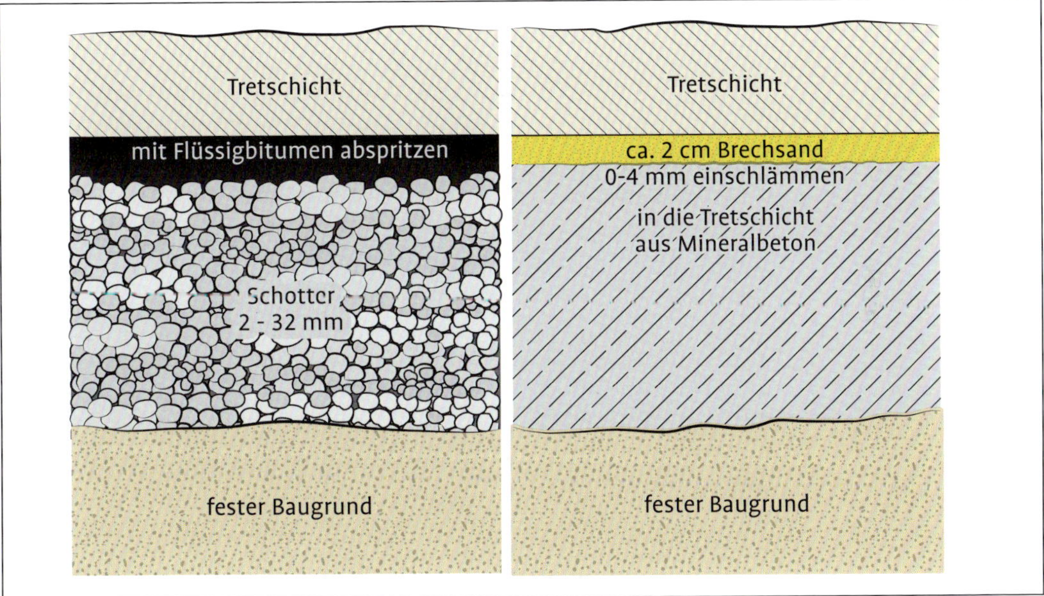

Tragschichtvarianten für Reithallen.

Trennschicht/Tragschicht

In der Reithalle ist oft nicht genug Tiefe bis zum Bodengrund vorhanden, um einen aufwendigen Schichtenaufbau unterzubringen. Trotzdem ist eine neutrale, bedingt wasseraufnahmefähige und vor allem scherfeste Trenn- Tragschicht dringend nötig. Gerade die Scherfestigkeit wirft hierbei immer wieder Probleme auf: Häufig ist die Trenn-/Tragschicht zu dünn bemessen oder es wurde die falsche Körnung verwendet.

Weil die Schicht nicht wasserdurchlässig sein muss, kann in der Halle mit bindigem Tragschichtmaterial, sogenanntem Mineralbeton, gearbeitet werden. Bei einer Körnung von 0–16 mm und einer Schichtdicke von mindestens 15 cm in verdichtetem Zustand, lässt sich eine gute Scherfestigkeit erreichen. Ist die Schicht zu dünn, kann sie sich eventuell verschieben und in die Tretschicht hineinarbeiten.

Gut zu wissen
Trennvlies oder Geogewebe eignen sich in der Reithalle grundsätzlich nicht.

Möglich ist auch, in der Halle anstelle einer ungebundenen Mineralschicht die kostenintensiveren Gitterplatten oder Reitplatzmatten einzubauen.

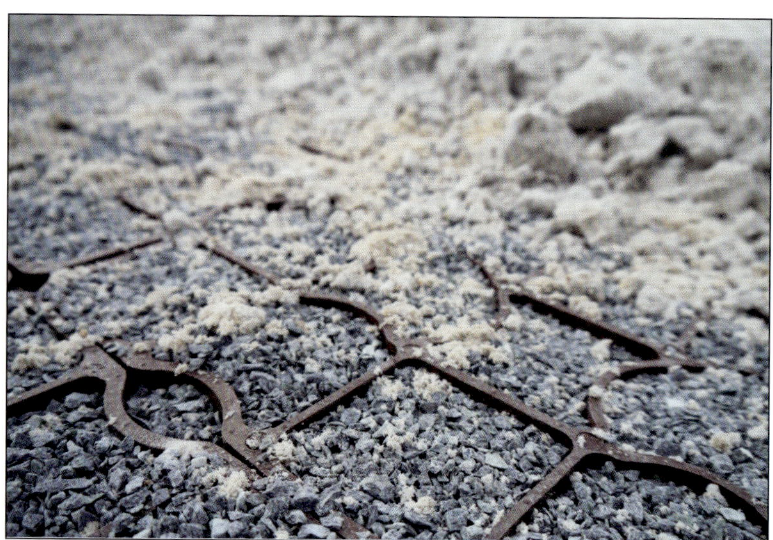

Die Gitterplatten sind nur bis zu 5 cm hoch und passen sich so der ebenfalls bautechnisch erforderlichen Höhe an.

Hallentretschichten

Der Tretschichtbelag der Halle, der nach dem vollständigen Ausräumen des alten Belages eingebaut wird, sollte keinesfalls höher sein als der Ausgang. Sonst wird zu viel Material hinausgetragen. Zur Angleichung des Bodenniveaus kann als Notbehelf beispielsweise eine dünne Schicht Brechsand als Neutralschicht eingebaut werden. Sie sollte aber nicht dicker als 5 cm sein, weil sie sich sonst zu stark verschiebt und mit der eigentlichen Tretschicht vermischt. Diese wird dann zu schnell hart und stumpf.

Holzhäcksel-Sandmischung

Vor allem in stark frequentierten Reithallen, etwa beim Reitschulbetrieb oder in vielen Pensionspferdebetrieben ist die Holzhäcksel-Sandmischung eine akzeptable Alternative zu reinen Sand- oder Sand-Synthetikbelägen. Weil der Boden bei starker Verschmutzung nach etlichen Jahren sowieso ausgetauscht werden muss, kann ein Sand-Holzgemisch im harten Einsatz wirtschaftlich sein, selbst bei mangelhafter Pflege.

Durch eine entsprechende Zusammensetzung der Komponenten lassen sich auch Sand-Holzmischungen schnell trittstabil machen. Bei reinen Sandbelägen ist dies schwieriger, weil der Sand entweder zu lose, zu fest oder hart und stumpf wird.

Hallentretschichten-Aufbau

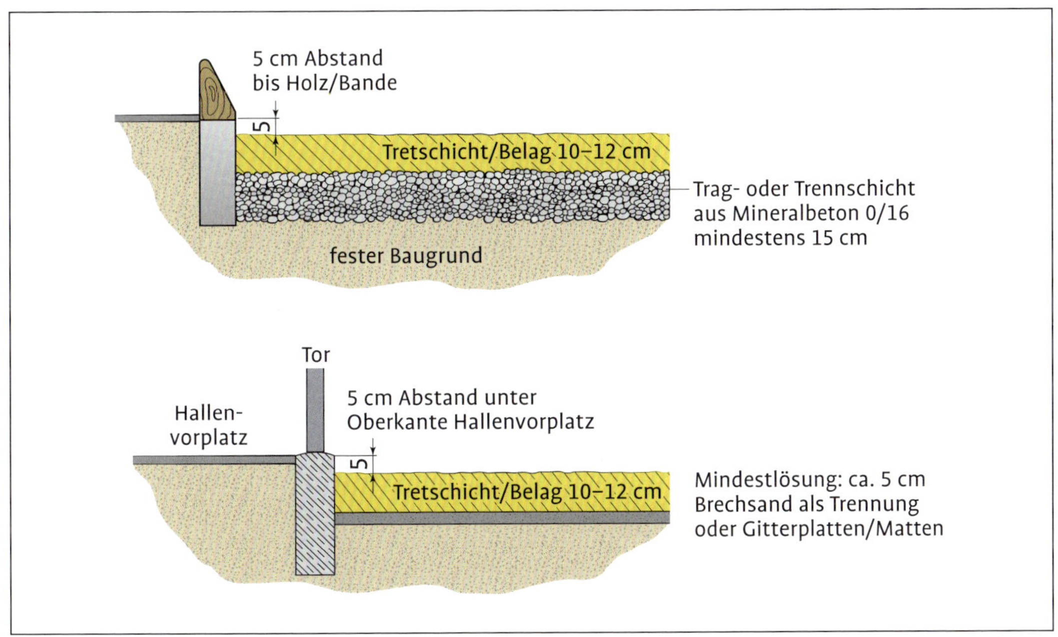

Sand-Synthetikmischung

Von der Trittstabilität und Pflege her wäre die Sand-Synthetikmischung die beste Lösung auch für die Reithalle. Allerdings ist durch den wesentlich höheren Schmutzeintrag die Lebensdauer in der Reithalle stark eingeschränkt und die höheren Anschaffungskosten amortisieren sich dann nicht unbedingt.

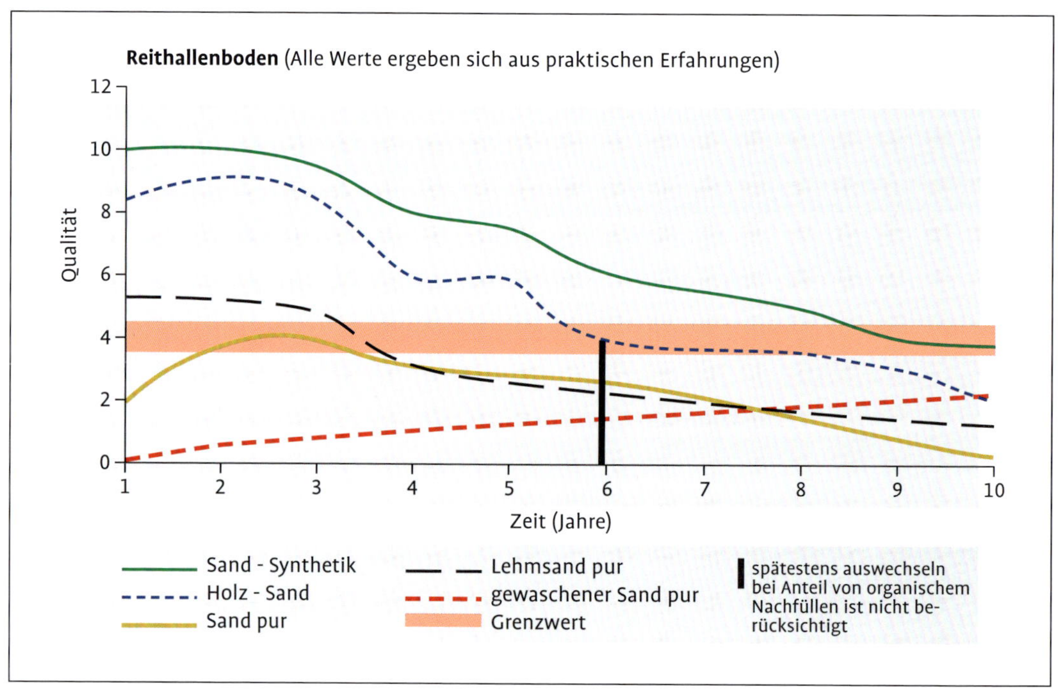

Funktionalität und Lebensdauer von Tretschichten in Reithallen.

9 Wirtschaftlichkeit von Reitböden

Für alle verschiedenen Arten von reitsportlicher Betätigung auf einem künstlich angelegten Boden gibt es typische und grundlegende Qualitätsanforderungen. Außenplätze sollen sich hauptsächlich durch Allwettertauglichkeit auszeichnen, und damit sind vor allem Probleme mit Nässe und Trockenheit verbunden. In Reithallen dagegen kommt es zu Staubproblemen und schlechter Belagsqualität, die durch zu viel Pferdemist und zerriebenes, zu altes Belagsmaterial verursacht werden.

Gerade im landwirtschaftlichen Bereich, wo es vornehmlich um Pensionspferdehaltung geht, fehlt es häufig noch an der Einsicht für die Investition in hochwertige Beläge. Oft herrscht hier noch die Meinung: „Das können wir doch selber machen“ oder „Das wurde doch schon immer so gemacht“. Von Grund auf fachgerecht aufgebaute Reitplätze kosten aber nun mal mehr Geld. Dafür sind sie dann aber auch länger haltbar. Es ist also mehr eine Frage der Wirtschaftlichkeit als der erforderlichen Finanzmittel, für welchen Belag man sich entscheiden sollte.

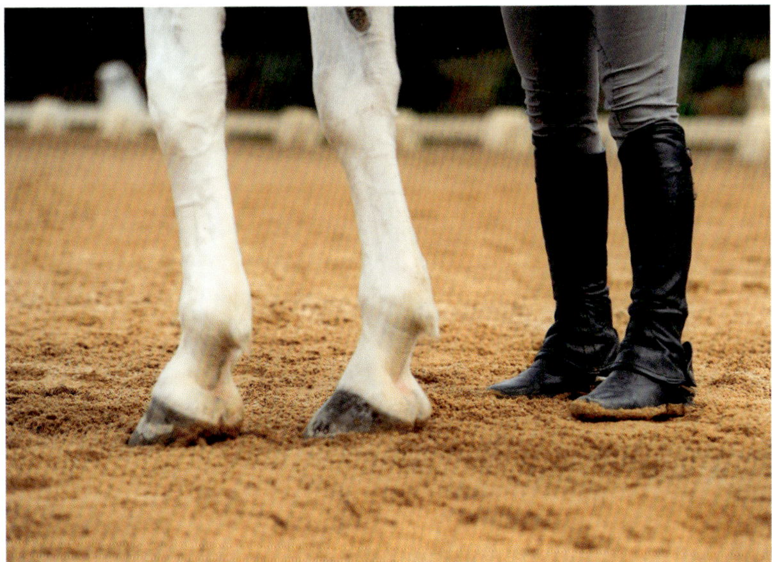

Beim Reitplatzbau sollten generell keine Materialien verwendet werden, die schädlich für Mensch und Tier sein könnten.

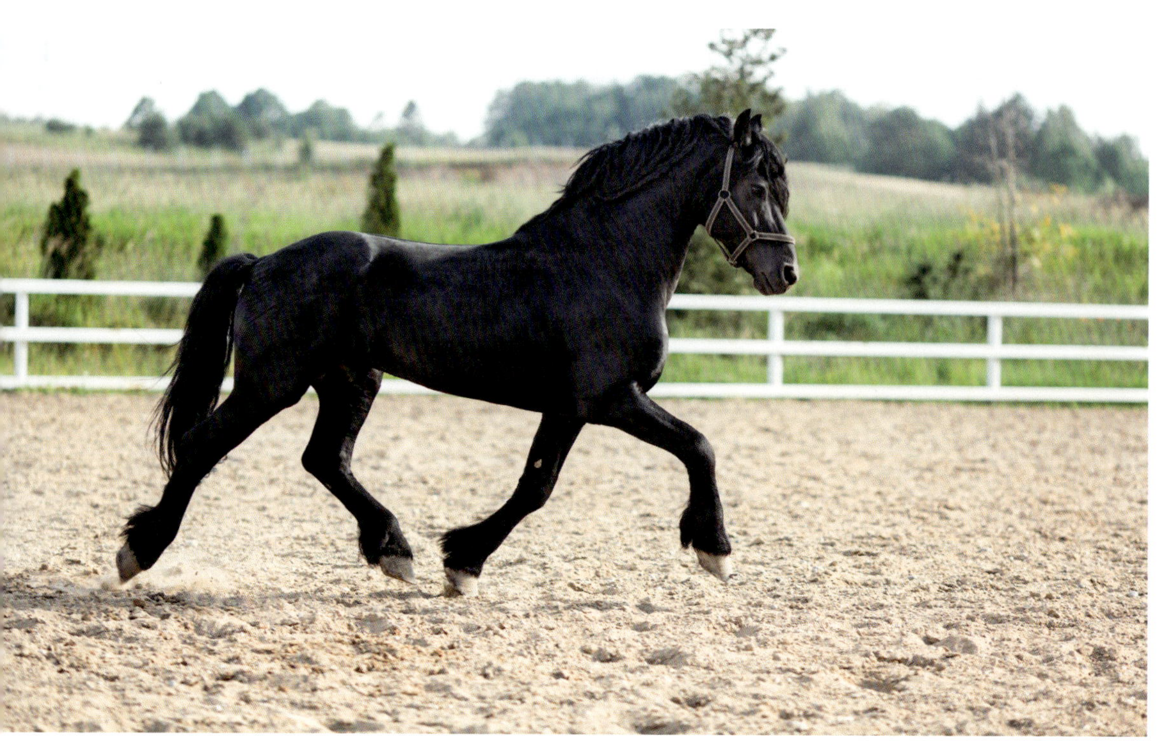

Pferdebesitzer und Reiter nehmen gute Außenplätze auch bei schlechtem Wetter gern an und schonen dadurch gleichzeitig den Hallenboden.

Qualitätskriterien

Für Reitplatzbeläge gelten eine Reihe weiterer spezieller Anforderungen, die sich direkt auf die einzelnen Reitdisziplinen auswirken. Hierzu gehören zum Beispiel die Eignung des Belages für die Art der Nutzung, seine Pflegeleichtigkeit und seine Haltbarkeit.

Ein Reitboden kann auf zwei Arten beurteilt werden. Ein Kriterium ist die rein materialbezogene Eignung, das andere die physische beziehungsweise gefühlte Wahrnehmung des Platzes bei der Benutzung. Beide Aspekte hängen natürlich eng zusammen. Wer selbst schon im Sattel gesessen ist und einigermaßen reiterliche Erfahrung hat, wird wissen, was damit gemeint ist. Daher wird es über die Eignung eines Belages immer unterschiedliche Meinungen geben. Über die darunterliegende Trag- und Trennschicht wird jedoch kaum jemals diskutiert, obwohl diese Schichten im wahrsten Sinne des Wortes grundlegend sind.

Bei der Frage des Reitplatzbelages muss weiter berücksichtigt werden, dass sich die zur Verfügung stehenden Reitplatzflächen und die Anzahl der Pferde eines Betriebes entsprechen sollten. Ausreichende und qualitativ gute Reitflächen, aufgeteilt in Hallen- und Außenplatzangebot, schonen den jeweiligen Boden und machen die Reitanlage insgesamt attraktiver für Reiter und Pferdeeinsteller. Pflege und Unterhalt sind bei mehr Fläche zwar etwas aufwendiger, mit Blick auf die Akzeptanz und Wirtschaftlichkeit jedoch erheblich günstiger.

Vorsicht vor Nachahmerprodukten

Wie in vielen anderen Bereichen wurde auch der Reitplatzbau in den letzten Jahren zu einer Domäne unseriöser Anbieter, die hier eine interessante Marktnische entdeckt haben. Sie preisen ihre angebliche „langjährige Erfahrung" und bieten dabei ausschließlich das Produkt Vlieshäcksel an.

Diese Entwicklung muss man mit Sorge betrachten, denn es gibt überhaupt nicht so viel synthetisches Rohmaterial dieser Art. Schon gar nicht zu den Preisen, mit denen solche kompletten gemischten Beläge verkauft werden, meist noch in falscher Zusammensetzung und aus fraglicher Herkunft. So geht das mühevoll aufgebaute Vertrauen der gesamten Branche verloren.

Unterstützt wird diese Situation außerdem durch die noch immer fehlenden Standards für die Qualität eines Belages. Auch können bisher nur vereinzelt Gutachten über das Belagsmaterial vorgewiesen werden, sodass es schwierig ist, sich ein sachliches Bild darüber zu verschaffen.

Wichtig

Bevor sie die Investition tätigen, sollten sich Bauinteressenten informieren und ältere Plätze anschauen. Sie sollten mit den Betreibern eingehend über deren Erfahrungen mit Qualität und Lebensdauer ihres Belages oder des Reitplatzes unterhalten.

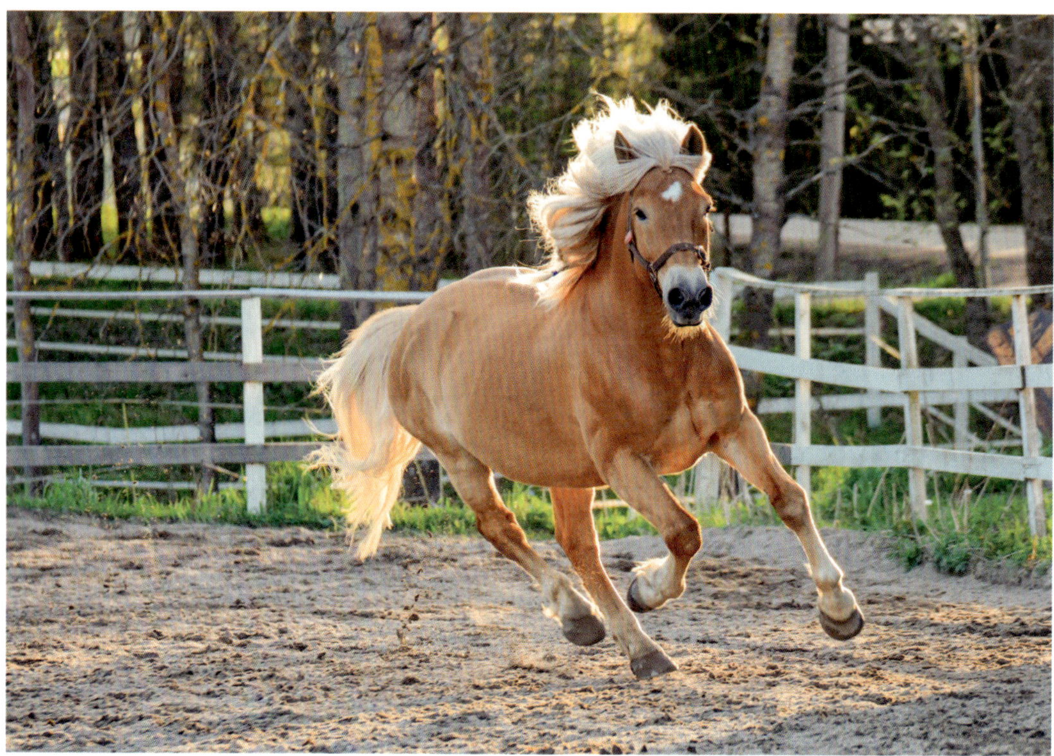

Ein guter Allwetter-Außenreitplatz bringt mehr Ausweichmöglichkeiten und Abwechslung: verschiedene Disziplinen können gleichzeitig trainiert werden. Und durch die Gewöhnung an die Außenwelt sind die Pferde weniger schreckhaft.

Umweltverträglichkeit

Über dieses Thema im Zusammenhang mit Tretschichten wurde und wird in letzter Zeit sehr hart diskutiert. Der Streit entzündet sich vorwiegend an der Frage der Unschädlichkeit und Umweltverträglichkeit der heute in immer größerem Umfang verwendeten synthetischen Komponenten des Belages, so wie in anderen Bereichen der Verwendung von Kunststoffen.

Im Prinzip begleiten synthetische Materialien unser gesamtes tägliches Leben, sei es als Folien, Behälter in jeglicher Form oder als Schleifmittel in der Zahnpasta. Synthetische Garne, sei es in Kleidung oder Wohnungsausstattung sind Grundlage von Geweben, Wirkwaren oder eben Vlies. Nichts anderes sind die für Reitbeläge verwerteten Reststoffe aus der Industrie. Sie sind kein Sondermüll, solange sie sortenrein und aus geprüfter Ware bestehen.

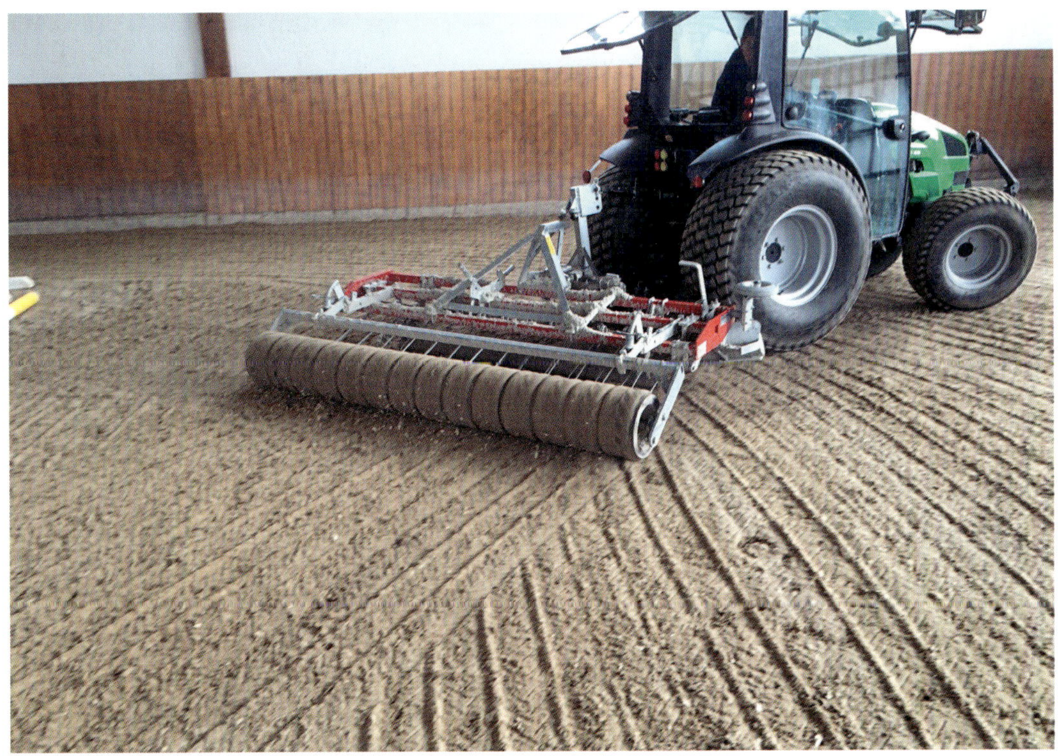

Tretschichten mit Synthetikkomponenten, die wie hier in einer Reithalle mit dem Bahnplaner ausgebracht oder nachgefüllt werden, sollten keinesfalls gesundheits- und umweltschädlich sein.

Jeder Betrieb, der Vliesstoffe produziert, setzt im eigenen Interesse auf klar definierte Grundstoffe. Diese können zurückverfolgt und gegebenenfalls durch Prüfgutachten bestätigt werden. Ebenso verhält es sich mit der beigemischten Feinfaser. Sie bricht nicht, sondern kräuselt sich nur auf. Je feiner sie ist, desto weniger ist sie einer mechanischen Zerstörung ausgesetzt. In dieser Hinsicht ist immer eine kritische Nachfrage bei den Lieferanten zu den Eigenschaften der Feinfaser sehr zu empfehlen. Am besten ist natürlich, wenn sie durch ein Materialprüfgutachten ausgewiesen werden kann. Ein negatives Beispiel wäre Glasfaser.

Lebensdauer von Vlieskomponenten

Gutes synthetisches Material etwa in Form von vernadeltem Wirrgelege verändert seine Grundstruktur nicht. Es bleibt auch nach Jahren des Gebrauchs trotz Verkrustung durch

Schmutz in seiner ursprünglichen flächigen Form erhalten und löst sich nicht auf. So sind zum Beispiel Beläge, die vor 25 Jahren vom Autor gebaut oder geliefert wurden, nach wie vor in Gebrauch.

Nachhaltige Nutzung synthetischer Materialien

- Ein bisher scheinbar nutzloser Industriereststoff wird verwendet und aufgewertet.
- Das Material sorgt im Reitplatzbau für Langzeitnutzung und Qualitätsverbesserung der Tretschichten. Durch einfaches Nachfüllen bei weiterhin gleicher Qualität verlängert sich die Lebensdauer eines Außenplatzbelages um viele Jahre. Es gibt Plätze, die seit 1990 ohne Unterbrechung genutzt werden.
- Bei Abtragung der Schicht etwa wegen starker Verschmutzung die zuviel Pferdemist enthält, kann entweder der gesamte Belag oder das ausgesiebte Material als idealer Stabilisator in Rasenspringplätze oder Ausläufe eingearbeitet werden (siehe Seite 63). Dies hilft mit, dass sie ihre Qualität langer beibehalten.
- In eine Rasentragschicht oder in den Boden eingemischtes Synthetikmaterial (siehe Seite 33) verhält sich völlig neutral. Es gibt Pflanzenwurzeln mehr Halt und begünstigt einen besseren Erhalt der Bodenfeuchtigkeit. Ein solches Areal kann später uneingeschränkt wieder als landwirtschaftliches Grünland oder Acker genutzt werden.
- Dadurch dass das Vlies seine Struktur beibehält, lässt es sich aus einem Gemisch relativ leicht wieder aussieben oder auswaschen. Es kann dann wiederverwertet der Verbrennung zugeführt werden. Auch sind inzwischen neue Verfahren zur Reinigung oder zum Einschmelzen und der Neuverarbeitung dieses gebrauchten Materials in Erprobung.

10 Befestigung von Paddocks, Ausläufen und Wegen

Die Pferdehaltung hat sich im Laufe der Zeit immer mehr dezentralisiert. Durch die Umstellung in der Landwirtschaft standen viele Gehöfte oder Ställe leer und wurden durch die Intensivierung der Pferdehaltung einer neuen Nutzung zugeführt.

Kaum sind die Pferde aber auf dem Hof angekommen, beginnt das Problem mit der Bodenbefestigung. Eigentümer und Pächter sollten deshalb im Vorfeld klären, wer für die Befestigung der Freiflächen zuständig ist und die Kosten dafür trägt. Häufig wird der Platz vom Eigentümer befestigt und die Kosten werden über die Pacht gedeckt.

Über die Notwendigkeit und die Größe der zu befestigenden Fläche lässt sich aber trefflich streiten, und so kommt es,

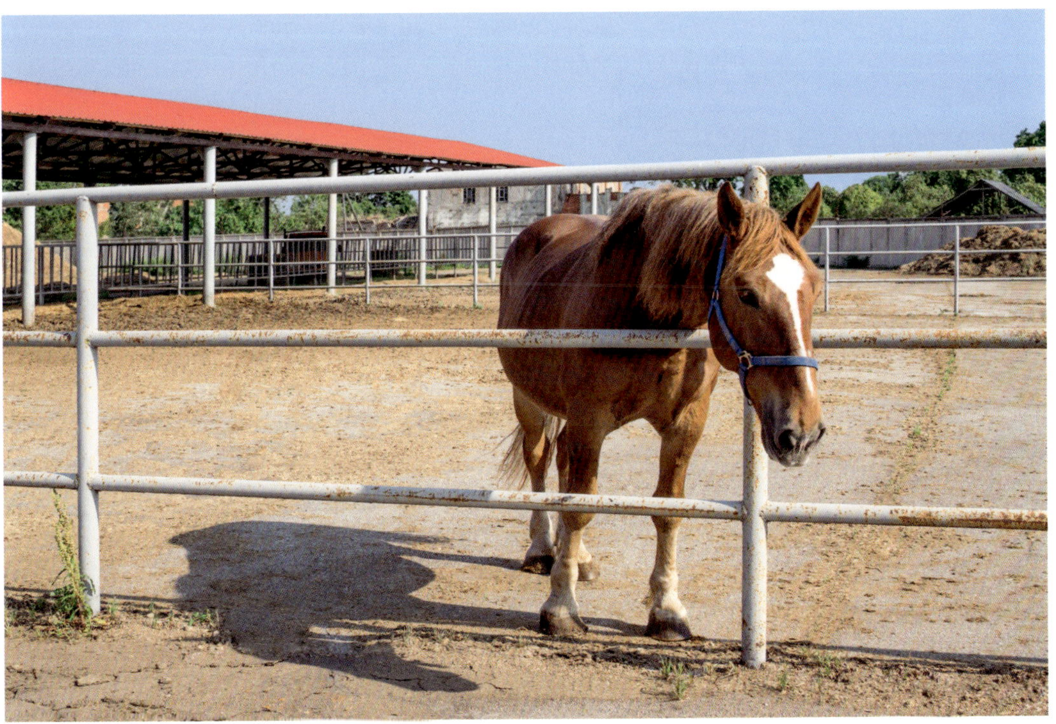

Ihrer Nutzung entsprechend befestigte Flächen rund um den Pferdebetrieb vereinfachen das Leben für Mensch und Tier.

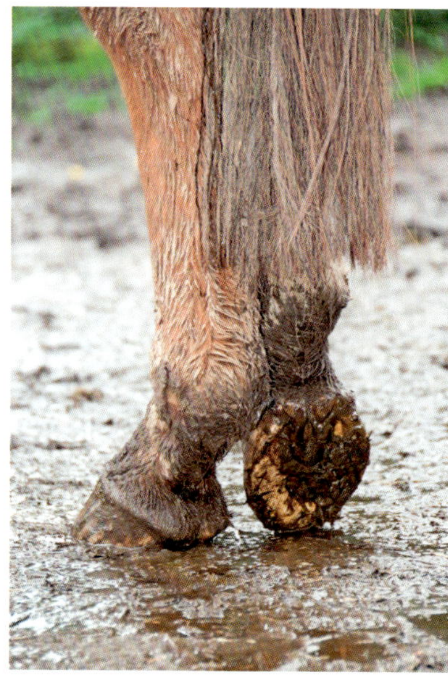

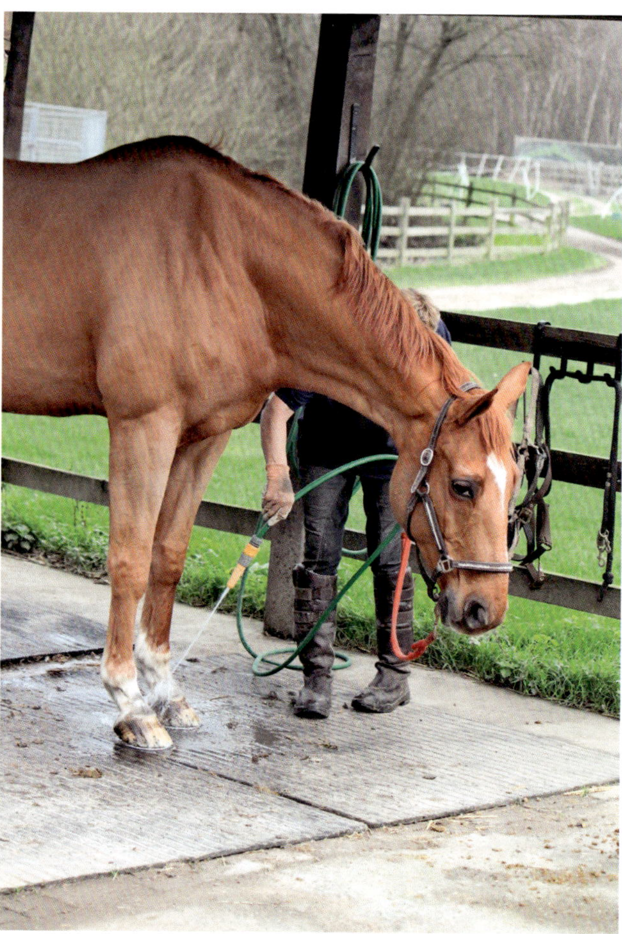

Oben: Ein halbes Jahr genügt, um einen ursprünglich unbefestigten Grasplatz in eine einzige Matschfläche zu verwandeln, vor allem im Herbst und Winter.

Rechts: Wichtig bei Laufgängen sind der Wasserabfluss und die Möglichkeit einer einfachen Sauberhaltung.

dass landauf, landab viele Pferde in der nassen Jahreszeit in fast kniehohem Matsch stehen. Dabei wäre diesem Dilemma in den meisten Fällen mit relativ einfachen Mitteln abzuhelfen und gleichzeitig ein Stück Tierschutz zu leisten.

Bewegungsplätze

Sogenannte Bewegungsplätze für Pferde werden unterschiedlich stark in Anspruch genommen. Deshalb ist der Schichtaufbau des Bodens entsprechend der Belastung zu gestalten.

Paddocks

Den wohl größten Anteil der Bewegungsplätze bilden die direkt an die Außenbox anschließenden Paddocks. Solche meist relativ klein abgegrenzten Einzelflächen werden hoch belastet und sollten deshalb mit einer massiven, festen Oberfläche versehen werden. Um Oberflächenwasser abzuleiten, sollte sich die Fläche von der Box weg leicht nach außen neigen.

Vorteilhaft ist es, wenn die nebeneinanderliegenden Paddockflächen nur durch bewegliche Trenngitter unterteilt sind. Dann entsteht eine maschinell gut zu reinigende Fläche. Um das Wohlbefinden der Pferde zu fördern, sollte die Fläche, außer bei Gummipflaster (siehe Grafik Seite 74), mit Holzhäckseln circa 5 bis 8 cm dick belegt werden. Darauf fühlen sich die Pferde wohl und das organische Material kann immer wieder leicht ausgetauscht werden.

Laufgänge

Laufgänge und Wege zu Koppel, Reitplatz oder Reithalle werden nur in gerader Richtung genutzt. Wenn sie nicht gleichzeitig als Fahr- oder Transportwege genutzt werden, kann auf eine hohe Scherfestigkeit verzichtet werden. Um über die Art der Befestigung zu entscheiden, muss also vorher festgelegt werden, welchem Zweck die Wege in der Hauptsache dienen: nur als Laufweg oder auch als Fahr- und Transportweg oder Rangierfläche.

Ausläufe

Zwischen den kleineren, dafür aber hochstabil befestigen Paddockflächen und der unbefestigten Graskoppel oder Weide befindet sich der Auslauf. Diese Fläche ist gewissermaßen das Bindeglied und wird deshalb ebenfalls relativ stark beansprucht. Es ist von Vorteil, diese Fläche stärker zu befestigen und sie dadurch wetterfester und regenerationsfähiger zu machen.

Kosten und Aufbau verschiedener Befestigungsarten

Schotter-Aufbau
scherfester Abschluss nach oben

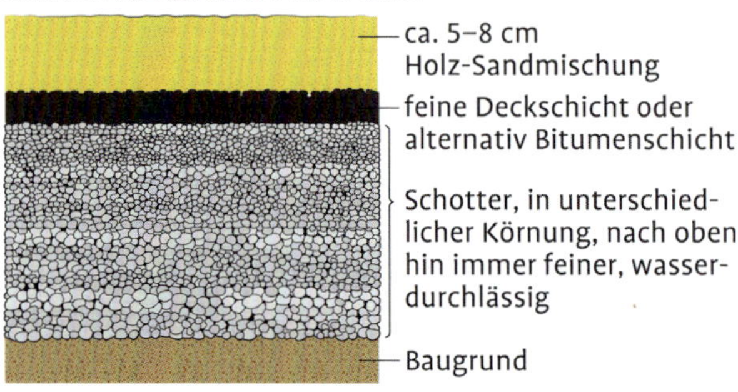

Schotter in unterschiedlichen Körnungen, nach oben feiner werdend, wird in ca. 3 Schichten eingebaut. Darauf sollte ein Holz-Sandgemisch als Tretschicht aufgebracht werden. Ein akzeptabler Aufbau bei geringer bis mittlerer Beanspruchung. Für einen Ablauf des Oberflächenwassers ist zu sorgen.
Kosten ca. 10,- bis 12,- €

Alternativ
Bitumengebundener Aufbau

Anstelle der feinen Deckschicht kann das Schottermaterial mit Bitumen abgespritzt bzw. verklebt werden. Das macht den Belag sicherer, weil scherfester.
Kosten ca. 15,- bis 18,- €

Trennschicht aus Gitter-Elementen
oder Reitplatzmatten (siehe auch Seite 62)

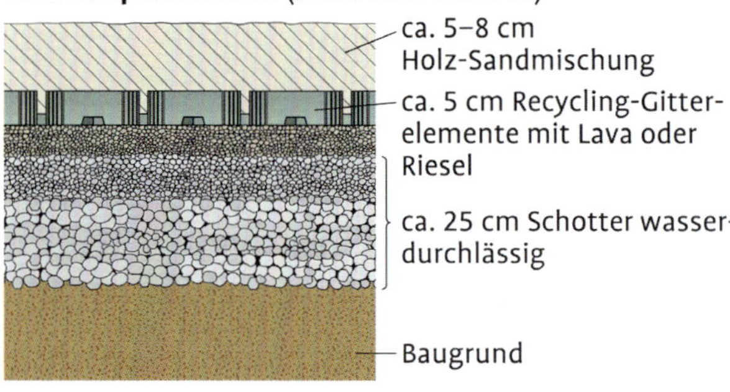

Eine preiswerte Variante mit trittsicherem Aufbau, der gut in Eigenleistung erstellt werden kann.
Für einen Ablauf des Oberflächenwassers ist zu sorgen.
Kosten ca. 23,- bis 25,- €

Trennschicht aus Gummisteinen

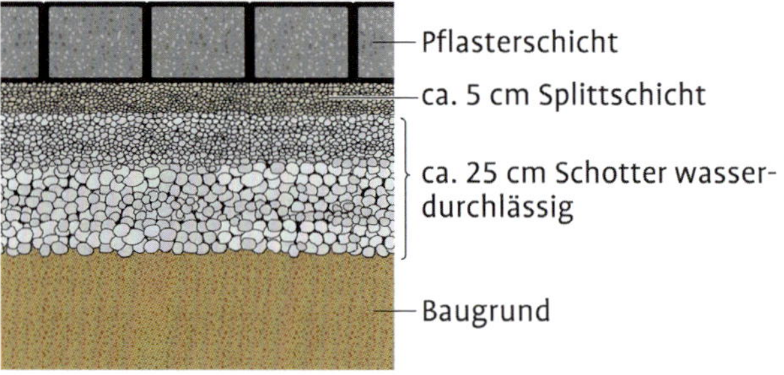

Statt der Trennschicht wird eine Pflasterschicht (Gummisteine) aufgebracht. Diese können im Bedarfsfall mit einer dünnen Schicht Sand abgedeckt werden. Für einen Ablauf des Oberflächenwassers ist zu sorgen. Kosten ca. 45,- bis 50,- €

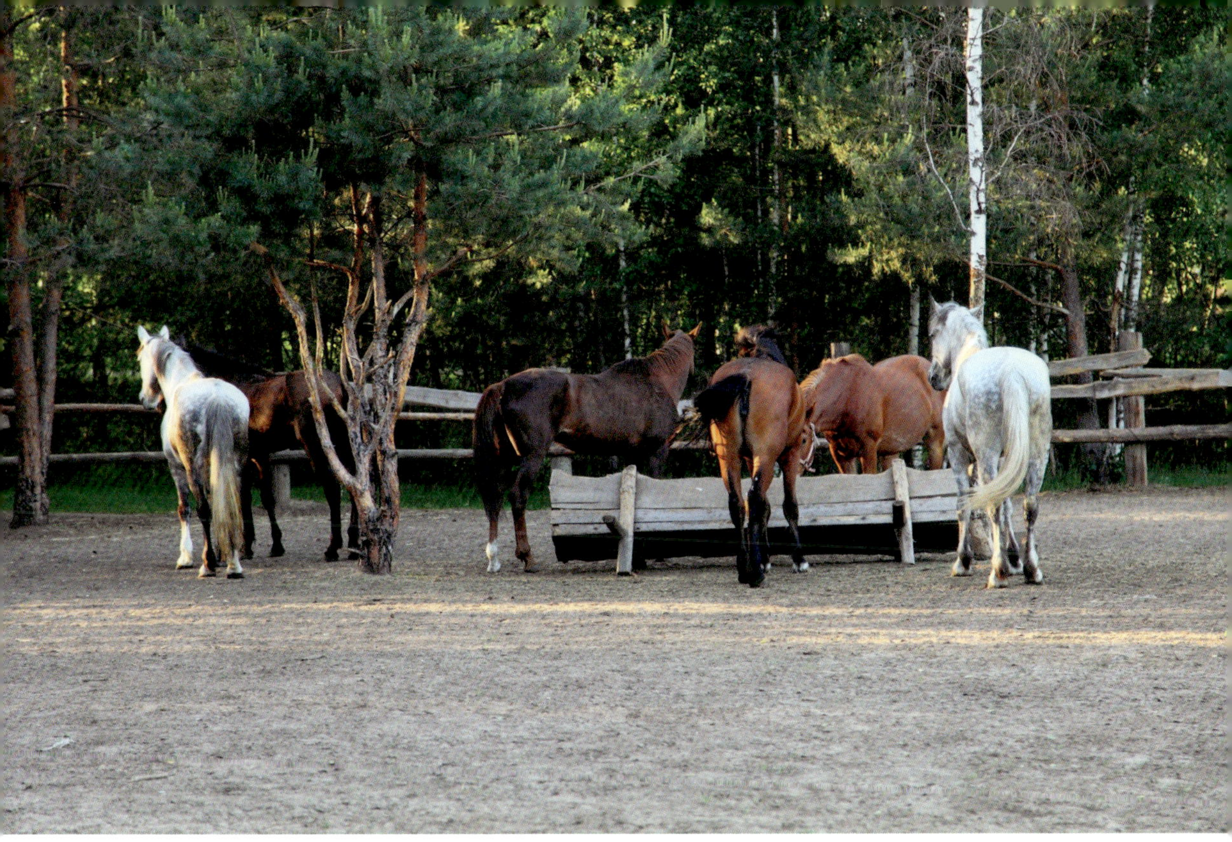

Ausläufe sollten so befestig sein, dass sie auch eine längere Schlechtwetterperiode ohne Schäden überstehen.

Rasenausläufe

Auch sie sollten durch stärkere Befestigung wetterfester gemacht werden (siehe Rasen-, Spring- oder Turnierplätze Seite 33). Bei der Befestigung sind zwei Anforderungen zu erfüllen. Der Boden darf sich nicht zu stark verdichten, sonst können sich die Graswurzeln wegen des Sauerstoffmangels nicht mehr regenerieren und sterben ab. Die Oberflächen-Scherfestigkeit muss verbessert werden, damit sich nicht so schnell viele Kahlstellen und Löcher bilden.

Auch in diesem Fall neue Baustoffe zur Lösung des Problems gefragt. Dann ist auch eine Nachsaat des Grases insgesamt wirkungsvoller. Nach Erfahrung des Verfassers könnte Lava, obwohl kein neuer Baustoff und bisher kaum im Reitplatzbau genutzt, eine wirksame Hilfe zur Verbesserung und Stabilisierung von Naturrasen auf Grasausläufen werden:

- Lava in Verbindung mit synthetischen Vlieshäckseln, für die zusätzliche Wurzelverankerung verbessern wie ein „Stützkorsett" enorm die Wachstumsvoraussetzungen und die Regenerationsfähigkeit der stark beanspruchten Gras-

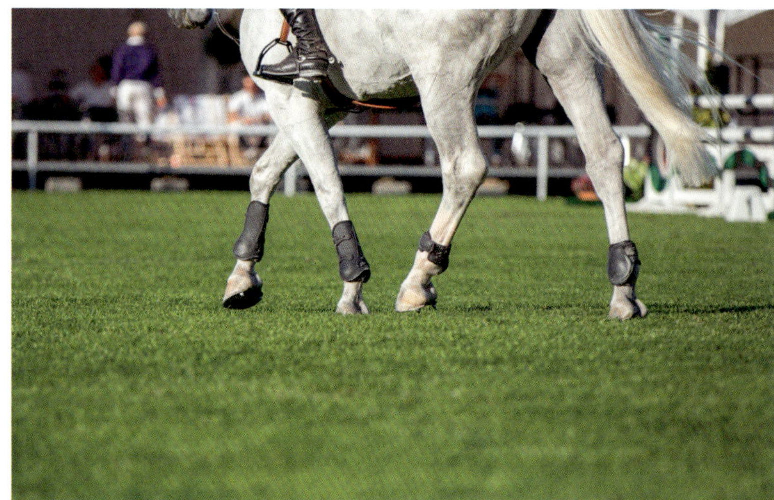

Für Pferde ist Gras der natürlichste Untergrund zum Laufen.

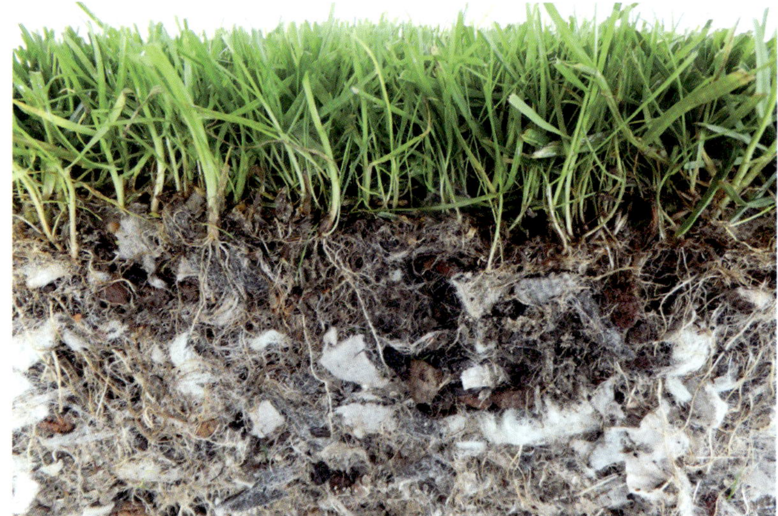

Von nah gut zu sehen ist die lockere, wasserhaltende Struktur aus den Vlies-, Lava- und Erdanteilen, die die Wurzeln umhüllen.

narbe. Hier könnten statt Neumaterial auch alte, verschmutzte synthetische Tretschichtanteile eingearbeitet werden. Beide Stoffe zusammen, Lava und Vlieshäcksel, verhindern eine zu starke Verdichtung des Bodens und ermöglichen zugleich einen gewissen Feuchtigkeitsausgleich. Sie tragen somit entscheidend zur Vitalität und Scherfestigkeit der Auslauffläche bei.

- Sofern genügend Platz zur Verfügung steht, sollten auf diese Weise zwei Felder à circa 400 m^2 befestigt werden. Im Wechsel genutzt, kann sich jeweils ein Platz regenerieren. So schaffen Sie mit den Flächen eine langfristige Möglichkeit für die artgerechte Pferdehaltung und gleichzeitig ein weiteres attraktives Angebot für Ihren Pferdepensionsbetrieb.

Eine kleine Begebenheit über Vliesmaterial am Rande
Zu Beginn meiner Arbeit mit Vlieshäckseln war ich auf einer schönen Zuchtanlage tätig. Wir streuten die Häcksel aus, um sie dann mit der Fräse in den Sand eines großen Pferdeauslaufs einzuarbeiten. Die Pferde, es waren Fohlen, Jährlinge und Stuten, bewegten sich neben uns auf dem Auslauf und ließen sich dabei nicht stören.
Dann machte ich eine bemerkenswerte Beobachtung. Einige der Fohlen und auch eine oder zwei Stuten wollten das schöne, weiße Material einfach mal versuchen und bissen in die luftige Masse. Mit Entsetzen musste ich zusehen, wie sie das Material fraßen. Doch es ist nichts passiert. Die Besitzerin erzählte uns später, die Vlieshäcksel seien im Mist unverdaut und unzerkleinert wieder aufgetaucht.
Pferde können auf der Weide sehr wohl Fremdkörper von Gras unterscheiden, doch sie sind auch neugierig und testen auch ganz außergewöhnliche Dinge zuerst mit dem Maul. Sollte sich also mal ein Stückchen Vlies von der Koppel in den Pferdemagen verirren, besteht kaum Gefahr, solange es sich um sortenreines Polymaterial, also PP oder PE, handelt, denn es enthält keine chemischen Beistoffe.
Es gibt viele Berichte von Pferdebesitzern, deren Tiere größere Kunsstoffteile etwa von zerbissenen Eimern Dinge zu sich genommen und wieder ausgeschieden haben. Das von der weichen faserigen Struktur her dem Heu ähnlichen Vlies wird normalerweise genauso wieder ausgeschieden wie die typischen unverdauten Getreidekörner, an denen sich dann die Spatzen erfreuen.

Reitwege

Im Zuge der ständigen Verringerung der Ausreitmöglichkeiten kommt dem Anlegen und Erhalten von gesicherten Reitwegen eine immer wichtigere Rolle zu. Jeder Pferdebetrieb, vor allem im städtischen Umfeld, ist bestrebt, Möglichkeiten zum Ausreiten in der Natur anzubieten. Oft müssen dabei auch Umland und teilweise nasse, schlammige oder sogar fast unpassierbare Wegstrecken einbezogen werden.

Da es sich meist um schmale Wege handelt, wäre ein Ausbau mit schwerem Gerät zu umständlich und auch zu teuer. Hier lässt sich schnell durch sogenannte Geogewebe oder Geogitter Abhilfe schaffen. Die Befestigung durch solche Kunststoffgewebe oder -elemente ist mit einfachen Mitteln und wenig Mineralbetongemisch möglich. Dieses wird gut fest und kann gegebenenfalls noch mit Holzhackschnitzeln überdeckt werden. Manche Schwachstelle lassen sich damit ideal überbrücken und so die gesamten Wegstrecke nachhaltig verbessern.

11 Die Pflege der Böden

Im Gegensatz zur professionellen Golfplatzpflege steckt die Reitplatzpflege vielerorts noch in den Kinderschuhen. Noch gibt es dafür keine Standards, und so hat jeder Pferdebetrieb eigene Rezepte, wie er seine Böden pflegt. Die Ursachen dafür liegen in den Wurzeln der Pferdehaltung: Beim Militär stand genügend Personal zur Verfügung und in der Landwirtschaft rückte dieses Thema in seiner Wichtigkeit lange Zeit kaum ins Bewusstsein.

Allein wegen des enorm gestiegenen Kapitalwerts und der Gesundheit der hochgezüchteten Sportpferde spielen Beschaffenheit und Nutzungsqualität der Beläge eine große Rolle.

Unterschiedliche Böden für den Pferdesport, ob in Reithallen, als Außen- oder Rasenplätze, verlangen ein den Belastungen angepasstes, jeweils spezielles Pflegekonzept. Dazu gehören auch die geeigneten Pflegegeräte. Also ein ganzes Bündel von Anforderungen und Kriterien, die mit Sachverstand und Erfahrung gelöst werden müssen.

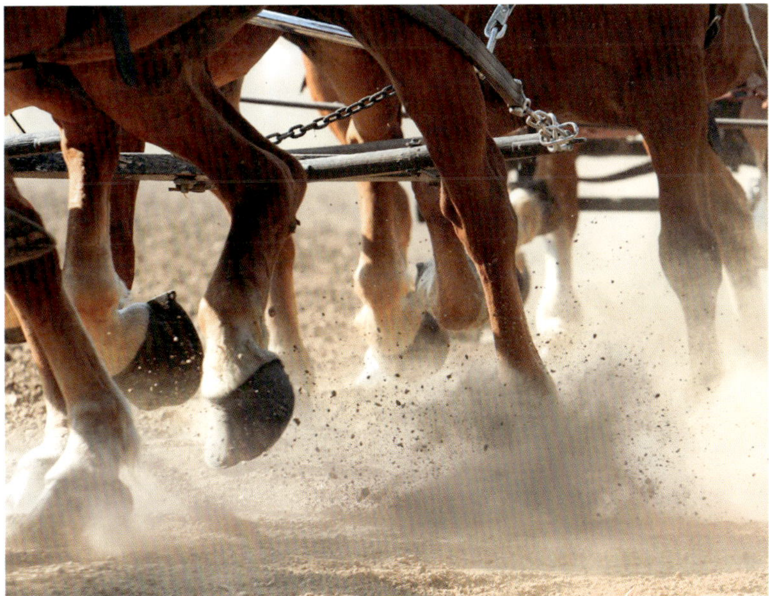

Reitsportböden unterliegen hohen Belastungen. Deshalb benötigen Sie auch eine besondere Pflege.

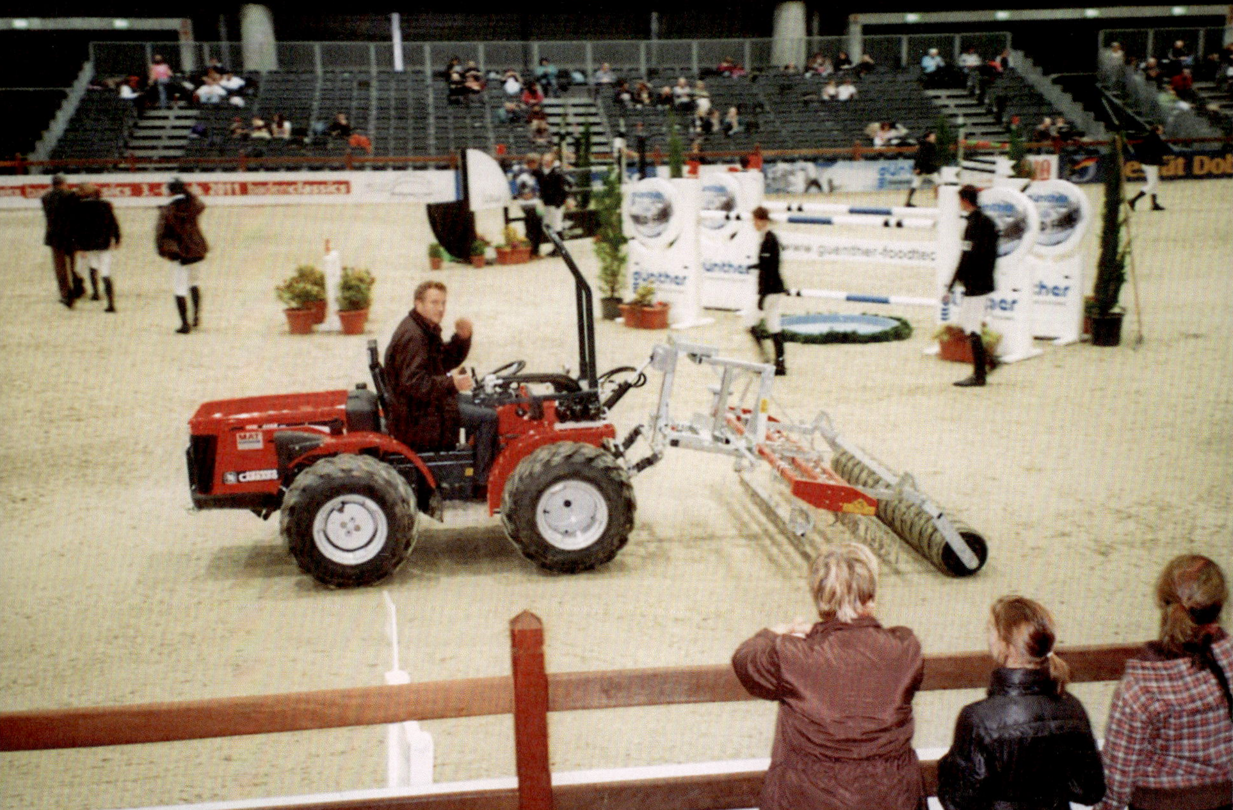

Spezielle Bahnpflegegeräte mit Werkzeugen für die verschiedenen Stufen der Bodenbearbeitung sorgen für einen optimalen Zustand des Reitbodens und erhöhen damit seine Lebensdauer.

Pflegegeräte

Da für die Trennschicht immer mehr Geogewebe, Gitterplatten und Mattensysteme verwendet werden, musste sich die Technik der Pflegegeräte an diese Situation anpassen. Einfaches Aufreißen geht heute nicht mehr, gefragt ist Mischen, Einarbeiten und die Ebenheit der Oberfläche wiederherstellen.

Bei der Auswahl der Pflegegeräte und der Beregnungsanlage sollte man sich vorab gut informieren. Nicht immer ist die teuerste Version auch die beste. Schauen Sie sich um bei Kollegen und Fachleuten.

Beregnung

Der Feuchtegrad der Bahn steht immer in engem Zusammenhang und ist ausschlaggebend für die Reitqualität eines Belages. Freiplätze können je nach Art des Belages und der

Witterung auch auf unkonventionelle Weise gewässert werden, zum Beispiel aus dem Wasserfass oder durch Sprengen mit dem Gartenschlauch. Vor allem in den Reithallen aber wurde die Beregnungstechnik dagegen zu einem wichtigen und unersetzlichen Element zur Vervollständigung der Bahnpflege.

Bahnpflege

Die konsequente regelmäßige Pflege der Böden ist ein Spiegel der Anlage und ein wesentlicher Faktor für den Werterhalt. Mehrkosten für gutes Pflegemanagement haben sich mehr als bezahlt gemacht, wenn damit die Lebensdauer und Funktionsfähigkeit eines Reitplatzes oder auch nur des Belages um zwei bis drei Jahre verlängert werden kann. Der alte Spruch „Ein Reitplatz hält sowieso nur fünf Jahre“ ist längst widerlegt. Dies lässt sich bei den seit 1985 vom Verfasser gebauten Außenplätzen leicht nachweisen.

Um die Bahnpflege in erfahrene Händen legen zu können, liegt die Zukunft auch in der Schulung von Pflegepersonal. In diesem Bereich gibt es sicherlich noch Entwicklungspotenzial.

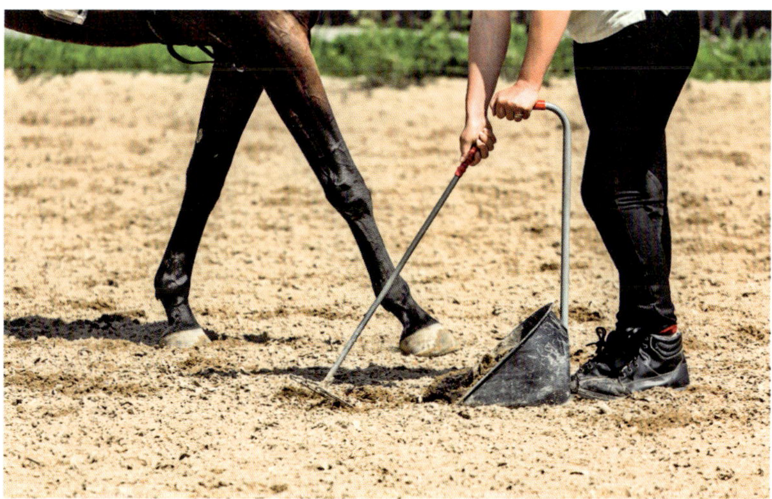

Die Reitfläche sollte immer so gut wie möglich „abgeäpfelt“ werden.

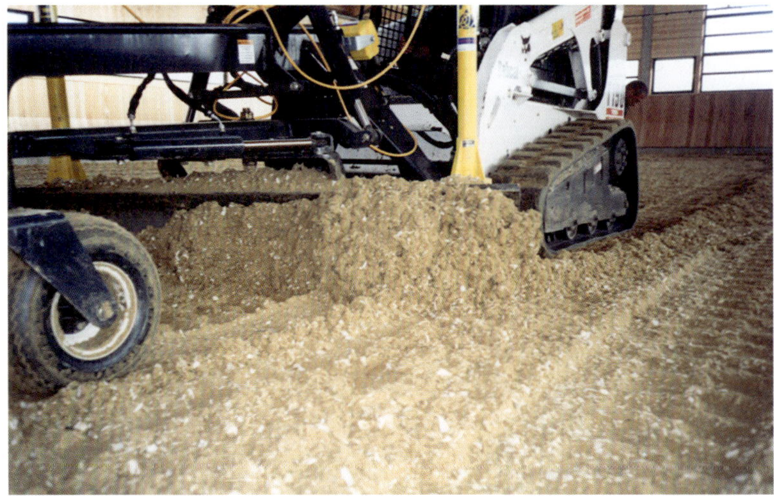

Mit dem Lasergrader eingebaute Trag- und Tretschicht kann später leicht nachgearbeitet werden.

Die Tretschicht sauber halten

Ein heißes Thema ist die Reinigung und Pflege der Tretschicht. Pferdemist enthält immer klebrige Bestandteile und diese verderben den Belag in kurzer Zeit, vor allem in der Halle, wo sie nicht wie im Freien weggeschwemmt werden können.

Jeder Belag, egal ob synthetisch oder natürlich, wird durch zuviel Mistanteil klumpig und stumpf und muss deshalb oft früher ausgewechselt werden als es eigentlich nötig wäre. Bei Sand-Vliesböden ist das eine finanzielle Frage, denn der höhere Anschaffungspreis und die Kosten für die Entsorgung müssen in Relation zur Nutzungsdauer betrachtet werden (siehe Seite 64).

Nachfüllen

Durch natürlichen Verschleiß muss der Reitbelag regelmäßig durch Nachfüllung regeneriert werden. Um den Grad der Abnutzung im Auge zu behalten, ist deshalb mindestens einmal pro Jahr eine Kontrolle der Tretschicht zu empfehlen. Je nach Belagsart kann das Nachfüllen in kürzeren bei organischem Material, oder längeren Abständen bei Sand oder Sand-Synthetik notwendig sein.

Hallenbeläge brauchen generell öfter eine Nachfüllung als Außenplätze. In Reithallen wandert das Material von der trockeneren zur feuchteren Seite der Halle. Bevor der Belag aufgefüllt wird, muss zuerst die gesamte Fläche etwas tiefer aufgearbeitet, anschließend ausglichen und eingemessen werden.

Wichtig beim Nachfüllen: die richtige Schichtstärke

Unabhängig vom Material sollte sie nicht unter 10 cm betragen. Zu wenig Materialvolumen würde weniger Feuchtigkeitsbindung, schnelleres Austrocknen, erhöhte Rutschgefahr und schnellerer Verschleiß des Tretschichtmaterials bedeuten.

- Die Tretschicht soll aber auch nicht zu dick sein. Vor allem reine Sandschichten werden dann tief und schwer. Bei der Nachfüllung von Sand ist vor allem die Qualität beziehungsweise die Sieblinie/Körnung zu prüfen. Schon ein Zug falsches Material in der Lieferung kann die gesamte Tretschicht negativ beeinflussen.
- Auch Holz oder Sand-Holzgemische sollten nicht zu dick aufliegen, denn der Boden wird sonst unruhig und sehr pflegeaufwendig, vor allem im Bereich des Hufschlags. Bei Sand-Synthetikböden besteht weniger die Gefahr, dass zuviel Material gerechnet wird, weil der Belag insgesamt mehr kostet.

12 Der Bau – häufige Fehler und Leistungsbeschreibung

Die Praxis zeigt, dass Plätze mit bitumenverklebter Tragschicht in Kombination mit einem Quarz-Sand-Synthetik-Belag überraschend lange wasserdurchlässig bleiben, so etwa der große Turnierplatz des Gestüts Marbach, seit April 2008 und ein Platz in Gomadingen, sogar seit 1994.

Obwohl der Bau von Außenreit- und Bewegungsplätzen sowie Reithallenböden inzwischen kein Nischendasein mehr fristet, wird noch immer vieles falsch gemacht. Teilweise wird auf überholte Vorlagen zurückgegriffen, oder es fehlen einfach Informationen über die Vorteile neuer Baustoffe und ihre Auswirkungen auf die Beständigkeit eines Reitplatzes und die Reitqualität.

Junge, neu ausgebildete Planer und Baufachleute haben oft zu wenig Praxiserfahrung und Kenntnisse über Baustoffe und ihre Beanspruchung im Bereich des Pferdesports. Auch die von der FN und FLL herausgegebenen Empfehlungen für den Reitplatzbau sind nicht ausreichend.

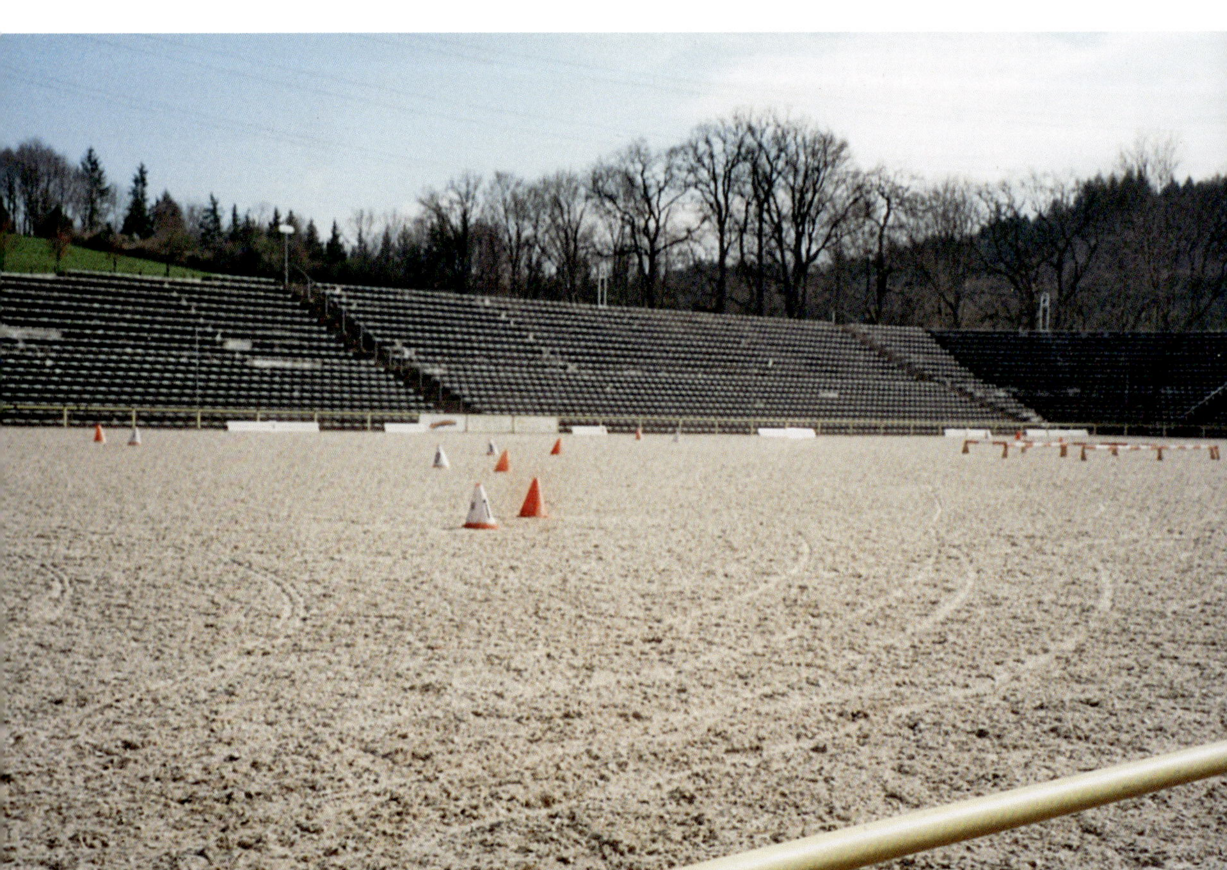

Häufige Fehler

Welche Hauptfehler führen zum frühzeitigen Versagen von Plätzen oder Belägen und damit zu Ärger und teils hohen Sanierungskosten?
Die größten Mängel sind

- schlechte Wasserabführung auf Außenplätzen,
- falsche Belagsmischungen, die dadurch oft unbrauchbar werden.

Vermeidbare Mängel sind:

- Der Baugrund ist nicht genügend tragfähig. Setzungen durch Auffüllmaterial oder sogenannte Wasserlinsen werden nicht berücksichtigt.
- Mangelhafte oder fehlende Drainage.
- Die Verbindung von Trag- zu Trennschicht ist mangelhaft, keine Verzahnung. Verursacht durch falsches Material oder unsachgemäßen Einbau verschiebt sich die Trennschicht, ist zu wenig scherfest oder wasserdurchlässig.
- Die Tretschicht weist Materialmängel auf, die zu Qualitätsminderungen führen: zu hart, zu tief, zu stumpf.
- Die Schichthöhe ist zu gering, oder, vor allem bei Sand pur, zu dick und die Körnung zu grob.

Das Gesetz der Wirtschaft
„Es ist unklug, zu viel zu bezahlen, aber es ist noch schlechter, zu wenig zu bezahlen.
Wenn Sie zu viel bezahlen, verlieren Sie etwas Geld, das ist alles.
Wenn Sie dagegen zu wenig bezahlen, verlieren Sie manchmal alles, da der gekaufte Gegenstand die ihm zugedachte Aufgabe nicht erfüllen kann.
Das Gesetz der Wirtschaft verbietet es, für wenig Geld viel Wert zu erhalten.
Nehmen Sie das niedrigste Angebot an, so müssen Sie für das Risiko, das Sie eingehen, etwas hinzurechnen.
Und wenn Sie das tun, dann haben Sie auch genug Geld, um für etwas Besseres zu bezahlen.“

John Rifkin

- Größter Mangel: lehmhaltiger Sand.
- In den Reithallen liegt eine Hauptfehlerquelle oft im Übergang vom Naturboden zum Belag beziehungsweise in einer fehlenden oder mangelhaft ausgeführten Trennschicht.
- Eine große Rolle in der Reithalle spielen die Pflege und Beregnung.

Gute und fachkundige Beratung und qualitativ hochwertiges Baumaterial kosten grundsätzlich etwas mehr. Wenn Sie an den Bau eines Reitplatzes gehen, behalten Sie vielleicht als Leitlinie das folgendes Zitat im Hinterkopf.

Leistungsbeschreibung für den Reitplatzbau

Bei der Vergabe eine Bauauftrags für einen Reitplatz muss nach den Allgemeinen Bestimmungen für die Vergabe von Bauleistungen (VOB/A) zuvor in einem Vertrag genau festgelegt werden, welche Sachleistungen die mit dem Bau beauftragte Firma oder der Verkäufer erbringen muss.

I. Angaben zum Aufbau

a) Unterbau erstellen

- Baugrundtragfähigkeit prüfen, gegebenenfalls durch Einbau von Trennvlies (die Verlegung von Trennvlies bewirkt zudem, dass sich Tragschicht und Erdplanie nicht vermischen können) oder Einarbeitung von Stützkorn in den anstehenden Baugrund
- Tragfähigkeit und Ebenheit verbessern bzw. ausgleichen

b) Drainagesystem

- Den örtlichen Gegebenheiten entsprechend planen und fachgerecht einbauen
- Kontroll- und Spülschächte einplanen

c) Oberbau Trag- und Trennschicht

- Tragschicht aus sauberem Mineralgemisch oder zertifiziertem Recyclingmaterial in Regelschichtdicke oder je nach Bedarf höhengenau mit Lasergrader einbauen und standfest verdichten

- Körnung/Sieblinie 2–32/45 mm. Bei anschließendem Abspritzen mit Bitumen etwas gröbere Körnung wählen: 8–32/45 mm = 2 Schicht-Aufbau.

d) Trennschicht – nach Auswahl des Bauherrn
- Für Gitterverfüllung sauberes Splittmaterial eventuell unter Zusatz von Kunststoffgranulat oder Lava 2–8 mm bis 1 cm über Rand lose einfüllen und dann verdichten
- Schüttmaterial, Splitt oder Lava ohne mechanische Bewehrung max. 5 cm dick höhengenau aufbauen; Körnung Lava: 0–8 mm, Splitt 2–8 mm; zusammen mit Tragschicht verdichten

II. Angaben zu den Tretschichtkomponenten

Position 1
Fertig gemischte Tretschicht liefern und höhengenau einbauen, möglichst mit Lasergrader
- Sand gemäß einem bestimmten Körnungsbereich, Sieblinie beachten;
- Quarzanteil (über 90 %);
- Art des Zuschlagsstoffes definieren, zum Beispiel Vlies und Feinfaser, Material PP;
- Mengenangabe bezogen auf Reitfläche bei entsprechender Schichtstärke;
- Einbaudicke (10-12 cm);
- Ebenheit in cm unter der 4 m Latte, zum Beispiel 2 cm, Anzahl an Prüfpunkten: 2 Stück je 100 m^2 der Platzfläche;
- Abweichungen von den Nennhöhen (z. B. ± 2 cm max. 3 cm);
- Eindringtiefe des Hufes, ein Sollwert < 4 cm ist als maximal anzusehen;
- Übergabe einer Rückstellprobe (mind. 20 kg) des Sandes des Ausgangsmaterials an den Auftraggeber.

Alternativ Position 2
- Zuschlagsstoffe liefern und in Tretschicht einmischen;
- bei nachträglichem Einarbeiten von Stabilisatoren Vlies und Fasern flächig aufstreuen und mit Umkehrfräse einarbeiten;

- grundsätzlich auf Ebenheit und gleichmäßige Schichtstärke achten.

III. Hinweise zur Bauabnahme

- Nach Fertigstellung auf einem Abnahmeprotokoll bestehen. Dieses bezieht sich aber nur auf den Zeitpunkt der Inbetriebnahme.
- Außerdem sollten Sie sich eine schriftliche Pflege- und Wartungsanleitung vom Fachbetrieb geben lassen.

Wichtig
Arbeiten Sie, wenn möglich, nur mit einer Fachfirma zusammen. Nur so haben Sie einen Ansprechpartner, auch im Fall eines Regressanspruchs.

Service

Erklärung der Fachbegriffe und Abkürzungen

Adhäsion Wasser bindet durch Oberflächenspannung die einzelnen Sandkörner miteinander (Adhäsionskräfte).
FLL Forschungsgesellschaft für Lanschaftsentwicklung und Landschaftsbau e.V.
FN Fédération Equestre Nationale für Deutschland: Deutsche Reiterliche Vereinigung e.V.; oberstes Gremium für Zucht, Haltung und Sport, Sitz in Warendorf
Horizontbildung Die Ablagerung von Feinanteilen der Tretschicht an die Sohle der Tretschicht bzw. an den Übergang von Tretschicht zur Trenn- oder Tragschicht. Sie bewirkt die Wasserundurchlässigkeit in die Trenn- oder Tragschicht
Kohäsion Die Haftfestigkeit der einzelnen Sandkörner untereinander. Diese nimmt mit abnehmender Korngröße zu und bildet die Widerstandskraft des Bodens gegen Verschieben und Verlagern.
Scheinbare Kohäsion Abhängig vom Feuchtigkeitsgrad des Sandesim Belag. In sehr nassem oder trockenem Zustand des Sandes ist die Kohäsionswirkung aufgehoben.
Scherfestigkeit Begriff für Oberflächenstabilität von flächig aufgebauten Schichten, hier Trenn- oder Tragschicht
Suffosion Die Verlagerung bzw. das Absinken von Kornabrieb und Anteil von abschlämmbaren Teilen aus dem Belag in tieferen Zonen der Tretschicht

Zum Weiterlesen

Vergabe- und Vertragsordnung für Bauleistungen. Ausgabe 2009, Beuth Verlag, Berlin, ISBN 978-3-406-61059-2

Hochschule Osnabrück
EFRE Forschungsbericht
Qualität und Dauerhaftigkeit von Reitplatzaufbauten.
Projektlaufzeit vom 01.04.2008 – 30.09.2010.

EFRE Forschungsbericht
Monitoring von Nährstoffeinträgen und -austrägen auf Reitplätzen
Projektlaufzeit von 2010 – 2011

Reitplatzempfehlungen Equitrend, BWL

Fachmagazin St. Georg Bericht „Zeitbombe Außenreitplatz“ September 2010

Fachmagazin Bayerns Pferde Bericht „Reitboden“ Juni 2011

Gutachten BAM Berlin September 2011

Gutachterliche Stellungnahme zur Umweltverträglichkeit von Verbundfaserabfällen in Reitplatztretschichten und Feinstaubbelastung.

Institut Fresenius Gutachten und Beurteilung von Reitplatztretschichten Okt.2001

Institut für Materialprüfung Dr. Ing. Schellenberg
Untersuchung von Sand-Bodengemischen. Stellungnahme und Bericht v. 25.7.1994.

Kunststoff-Zeitung
Aufbereitung und Recycling stark verschmutzter Folien. Bericht v. 19.6.15 Ausgabe 12.
Beitrag thermische Verwertung zu Unrecht geächtet. Bericht vom 16.1.15 Ausgabe 1/2.

„Entscheidungshilfen zum Bau von Sportanlagen (Rasen)"

Deutsche Rasengesellschaft e.V.

Ing. Büro Münster

Bodeninstitut Johannes Prügl.

Adressen und Internetseiten

Forschungsgesellschaft Landschaftsentwicklung Landschaftsbau e.V. (FLL)
Dr. Karl-Heinz Kerstjens, Präsident der FLL
c/o Friedensplatz 4
53111 Bonn
Telefon: +49 (0)228-965010-0
Telefax: +49 (0)228-965010-20
E-Mail:info@fll.de
http://www.fll.de

www.pferde-betrieb.de/spezial/reitboden/file

wikipedia.org/wiki/geogitter

www.geogitter.info

terra-tex.de/tera-tex-reitboden

Bildquellen

Umschlagfoto: AnnaElisabeth photography/Shutterstock.com

Alle Fotos von Alois Dold außer:
S. 7: imago/Rau
S. 8: Marzolino/Shutterstock.com
S. 10: Tanhu/Shutterstock.com
S. 13: Helgi/photocase.de
S. 16/17: Aerovista Luchtfotografie/Shutterstock.com
S. 21: TFoxFoto/Shutterstock.com
S. 23: bibiphoto/Shutterstock.com
S. 28: hightowernrw/Shutterstock.com
S. 30: ingairis/photocase.de
S. 33: Oshchepkov Dmitry/Shutterstock.com
S. 35: cornfield/Shutterstock.com
S. 41: Pelana/Shutterstock.com
S. 50: Dmitry Kalinovsky/Shutterstock.com
S. 56: 11A Fotografie/Shutterstock.com
S. 58: Ventura/Shutterstock.com
S. 59: kryzhov/Shutterstock..com
S. 62: www.ecora.de
S. 65: Pelana/Shutterstock.com
S. 66: Konstantin Tronin/Shutterstock.com
S. 68: Tanhu/Shutterstock.com
S. 69: www.platz-max.de
S. 71: Hanna Alandi/Shutterstock.com
S. 72 oben: Chelle129/Shutterstock.com
S. 72 rechts: Lorna Roberts/Shutterstock.com
S. 75: Elena Blokhina/Shutterstock.com
S. 76 oben: Catwalk Photos/Shutterstock.com
S. 79: Katrina Leigh/shutterstock.com
S. 81: Tom Karola/Shutterstock.com

Die Zeichnungen fertigte Helmuth Flubacher, Waiblingen, nach Vorlagen des Autors.

Register

Impressum

Die in diesem Buch enthaltenen Empfehlungen und Angaben sind vom Autor mit größter Sorgfalt zusammengestellt und geprüft worden. Eine Garantie für die Richtigkeit der Angaben kann aber nicht gegeben werden. Autor und Verlag übernehmen keinerlei Haftung für Schäden und Unfälle.

Bibliografische Information der Deutschen Nationalbibliothek
Die Deutsche Nationalbibliothek verzeichnet diese Publikation in der Deutschen Nationalbibliografie; detaillierte bibliografische Daten sind im Internet über http://dnb.d-nb.de abrufbar.

Wollgrasweg 41, 70599 Stuttgart (Hohenheim)
E-Mail: info@ulmer.de
Internet: www.ulmer-verlag.de
Lektorat: Dr. Eva-Maria Götz, Bettina Brinkmann
Herstellung: Ulla Stammel
Umschlagentwurf: Verlag Eugen Ulmer
Satz: r&p digitale medien, Echterdingen
Druck und Bindung: Pustet GmbH & Co. KG, Regensburg
Printed in Germany

ISBN 978-3-8001-0856-5

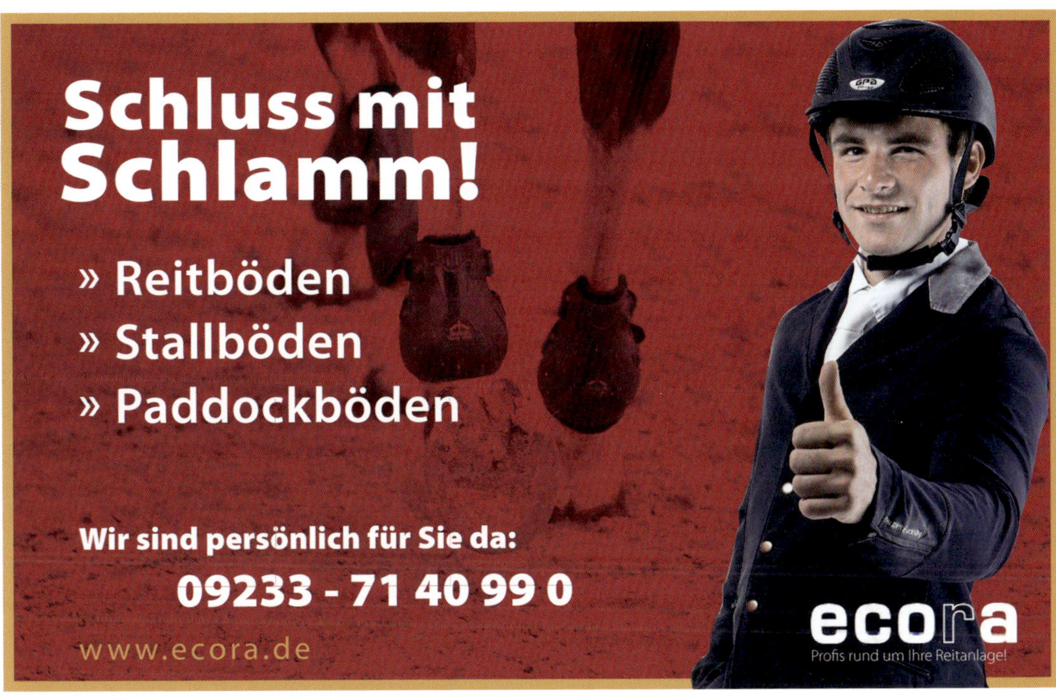
Schluss mit
Schlamm!
» Reitböden
» Stallböden
» Paddockböden
Wir sind persönlich für Sie da:
09233 - 71 40 99 0
www.ecora.de
ecora
Profis rund um Ihre Reitanlage!

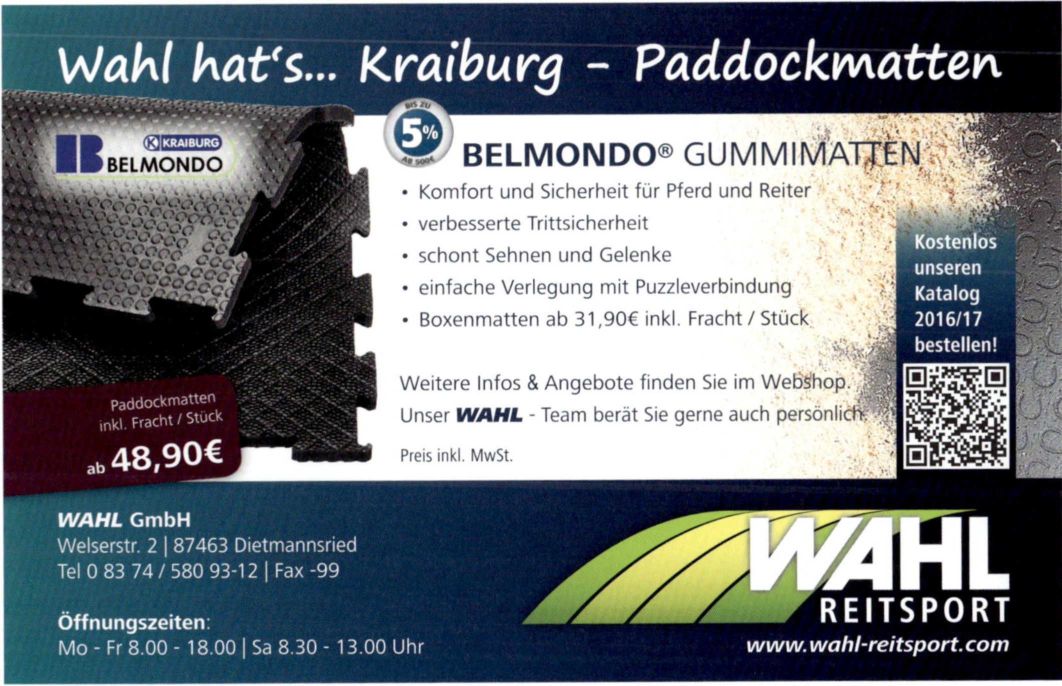
Wahl hat's... Kraiburg - Paddockmatten
KRAIBURG
BELMONDO
5%
BELMONDO® GUMMIMATTEN
• Komfort und Sicherheit für Pferd und Reiter
• verbesserte Trittsicherheit
• schont Sehnen und Gelenke
• einfache Verlegung mit Puzzleverbindung
• Boxenmatten ab 31,90€ inkl. Fracht / Stück
Kostenlos unseren Katalog 2016/17 bestellen!
Weitere Infos & Angebote finden Sie im Webshop.
Unser WAHL - Team berät Sie gerne auch persönlich.
Preis inkl. MwSt.
Paddockmatten inkl. Fracht / Stück
ab 48,90€
WAHL GmbH
Welserstr. 2 | 87463 Dietmannsried
Tel 0 83 74 / 580 93-12 | Fax -99
Öffnungszeiten:
Mo - Fr 8.00 - 18.00 | Sa 8.30 - 13.00 Uhr
WAHL
REITSPORT
www.wahl-reitsport.com